五彩校园文化艺术活动丛书

校园棋艺类活动指导手册

白 梅 ◎编著

吉林出版集团股份有限公司
全国百佳图书出版单位

前言
PREFACE

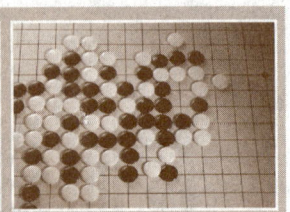

在党和政府的要求下，长期以来，学校文化艺术活动作为学校教育教学工作的一个重要组成部分，不仅是广大青少年建立兴趣爱好和成才的重要途径，而且是学校德育工作发挥巨大作用的主要因素。营造丰富多彩的校园文化，为广大青少年开拓广阔的成才之路，这是加强素质教育的要求，也是培养青少年未来实现中国梦想的要求。

学校开展形式多样的文化艺术活动，能够使广大青少年达到开阔视野、陶冶情操、增长才智、提高素质、沟通人际、适应社会以及改善知识结构和掌握实用技能等方面的效果。在这些文化艺术活动中，广大青少年通过接受不同形式、不同内容的有益教育，能够起到潜移默化的作用，这对造就和培养有理想、有道德、有纪律、有文化、适应中国复兴和实现中国梦的新一代人才有着十分重要的作用。

因此，越来越多的学校对于开展丰富的文化艺术活动和营造浓郁的校园文化环境给予了越来越多的投入和努力，学校里的音乐队、合唱团、舞蹈队、书画社、兴趣小组等，简直琳琅满目。因此，校园文化艺术活动的组织策划与指导就显得十分重要了。这就需要坚持先进文化的正确方向，以育人为根本目标，努力发展符合实际需要并为广大师生喜闻乐见，且具有实效的校园物质文化和精神文化体系，真正营造五彩校园的文化氛围。

为此，根据党和政府有关政策和部门的要求以及国内外最新校园文化艺术的发展方向，特别编撰了《五彩校园文化艺术活动》丛书，不仅包括校园文化艺术活动的组织管理、策划方案等指导性内容，还包括阅读、科普、歌咏、器乐、绘画、书法、美化、舞蹈、文学、口才、曲艺、戏剧、表演、游艺、游戏、智力、收藏、棋艺、牌技、旅游、健身等具体活动项目，还包括节庆、会展、行为、环保、场馆等不同情景的活动开展形式等，具有很强的系统性、娱乐性、指导性和实用性。

本套丛书图文并茂，设计精美，格调高雅，不仅是广大学校用于开展丰富文化艺术活动的最佳指导读物，也是大中小学学校领导、教师，在校大中小学学生、研究生、博士生以及有关人员学习的最佳实用读物，还是各级图书馆珍藏的最佳版本。

目录
CONTENTS

NO1.校园棋艺活动指导

NO2.象棋活动指导

第一节 象棋基础知识

NO3.围棋活动指导

第三节　死活棋形

第四节　劫的知识

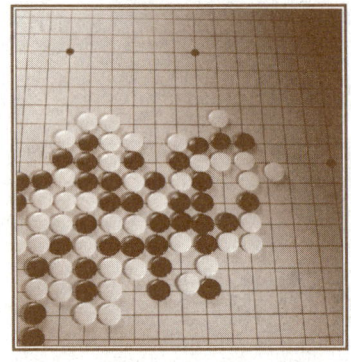

第五节　定　式

NO1. 校园棋艺活动指导

一、棋艺的定义和修养

1.棋艺的定义

棋艺是指象棋或围棋的本领与技巧。棋艺相对来说，是建立在已有一定水准的棋手之上。在对局的同时，可以感受到对方的气质、性格，从而达到双方棋手的内在沟通，而不是输赢。

棋艺应该是棋技的升华。棋艺应该是形而上的一部分，更倾向于道的一部分，换句话说，棋艺反映的应该是对弈者的人生修养，而不是简单的棋类技巧。

2.棋艺的修养

我们常说，棋如其人。就是说一个人下棋的风格就像他的为人处事一样。比如说，某人性情急躁，那么，他下棋时，常常也会急功冒进，不计后果，最终一败涂地。

再比如说，某人一向深思熟虑，办事谨慎，那么，他在三尺棋枰之上，一定也会运筹帷幄，调兵遣将，展示其大将风范。那么，作为一个棋手，应该如何提高自己的棋艺和修养呢？

下棋，讲究的是拼搏精神，如视输赢同儿戏，那么人们与之对弈就会觉得索然无味。棋枰征战，重视的是全局之势，一着之先，如棋者不争强好胜，不能在对攻中抢先制敌，下棋就毫无意义了。

不过，话又说回来，输赢虽然重要，但并不是决定性的。一个真正的棋者应该明白，输赢的最终目的归根到底是为了修心养性。

一个棋者在经历了多次的成败得失之后，最终必然领悟，下棋的关键

在于把握自我的心态。只有把握住了自己的心态，使自己的心始终平静如水，在优势的情况下不骄不躁，在劣势 的情况下沉着冷静，才有可能充分地利用对手心理上的弱点加以打击。

只有做到了这一点，在我方优势时才能步步逼近，攻不忘守，不给对方以可乘之机，令对手手忙脚乱；而在我方劣势时则会不慌不忙，沉着地捕捉战机，利用对手求胜心切的心理，抓住漏洞积极予以反击。

所以，要成为一个真正的高手，就要做到心静如水，处变不惊，泰山崩于前而面不改色。

要做到这一切，唯一的途径就是加强自身棋德的锻炼和修养。只有道德水平提高了，心态光明磊落，才会镇静自若。

要提高自身的棋德修养，就必须拥有容人之量，拥有博大的胸怀。一个拥有精深棋艺的高手，和他拥有博大的胸怀是分不开的。只要严于律己，宽以待人，谦虚好学，不耻下问，胸怀自然博大加以多钻研棋书，多参加比赛，多拜访高手，棋艺就慢慢提高了。

棋品如人品，只要坚持不懈，执着求索，日复一日，年复一年，不断地加强自身棋德和棋艺的修养，最终必然会取得令人瞩目的成就。

二、棋的种类和历史

1.棋的种类

下棋是一项由对弈双方进行智力竞赛的体育项目，棋的变化复杂、令人趣味浓厚，工作和学习之余参加棋类活动，不仅能丰富我们的业余文化生活，而且有助于开发智力，锻炼思维能力，培养机智沉着、灵活应变的意志品质。

对于学生来说，手举棋子对弈，不仅可以愉悦身心，而且能够开发智力，修炼美好的品质。棋的种类很多，常见的有中国象棋、国际象棋、围棋、军棋、跳棋等很多种，其中尤以中国象棋和围棋最为普及。

本书主要介绍象棋、围棋两种棋的入门知识和基本战法。

2.棋的历史

象棋的历史

中国象棋具有悠久的历史，战国时期，已经有了关于象棋的正式记载，据象棋的形制推断，象棋当在周代建朝（公元前11世纪）前后产生于中国南部的氏族地区。

早期的象棋，棋制由棋、箸、局等三种器具组成。两方行棋，每方六子，分别为：枭、卢、雉、犊、塞（两枚）。棋子用象牙雕刻而成。

箸，相当于骰子，在棋之前先要投箸。局，是一种方形的棋盘。比赛时"投六箸，行六棋"，斗巧斗智，相互进攻逼迫，而置对方于死地。

象棋是由两人轮流走子，以"将死"或"困毙"对方将（帅）为胜的一种棋类运动，有着数以亿计的爱好者。它不仅有利于丰富文化生活，陶冶情操，更有助于开发智力，启迪思维，锻炼辩证分析能力和培养顽强的意志。

唐代以前，象棋只有将、车、马、卒4个兵种。宋晁无咎的"广象棋"有棋子32个，与现代象棋棋子总数相同，但不知道棋盘上有无河界。

宋、元期间的《事林广记》刊载了两局象棋的全盘着法。明、清时期，棋书出版较多，尤以明代徐芝的《适情雅趣》、明末清初朱晋桢的《桔中秘》、清代王再越的《梅花谱》和张乔栋的《竹香斋象戏谱》更为

著名。

1956年起象棋列为我国国家体育项目，近年来，在全国性比赛中，除男子个人赛，又先后增加了男子团体、女子个人、女子团体等比赛项目。成绩优异的棋手由国家体委授予"象棋大师"和"特级大师"等称号。

围棋的历史

围棋，在我国古代称为弈，在整个古代棋类中可以说是棋之鼻祖，相传已有4000多年的历史。据《世本》所言，围棋为尧所造。尧、舜是传说人物，造围棋之说不可信，但它反映了围棋起源之早。

春秋战国时期，围棋已在社会上广泛流传了。秦灭六国一统天下，有关围棋的活动鲜有记载。到东汉初年，社会上还是"博行于世而弈独绝"的状况。直至东汉中晚期，围棋活动才又渐盛行。

由于南北朝时期玄学的兴起，导致文人学士以尚清谈为荣，因而弈风更盛，下围棋被称为"手谈"。上层统治者也无不雅好弈棋，他们以棋设官，建立"棋品"制度，对有一定水平的"棋士"，授予与棋艺相当的"品格"（等级）。

唐宋时期，可以视为围棋游艺在历史上发生的第二次重大变化时期。由于帝王们的喜爱以及其他种种原因，围棋得到长足的发展，对弈之风遍及全国。

从唐代始，昌盛的围棋随着中外文化的交流，逐渐越出国门。首先是日本，遣唐使团将围棋带回，围棋很快在日本流传。不但涌现了许多围棋名手，而且对棋子、棋局的制作也非常考究。除了日本，朝鲜半岛上的百济、高丽、新罗也同中国有来往，特别是新罗多次向唐派遣使者，而围棋的交流更是常见之事。

明清两代，棋艺水平得到了迅速的提高。随着围棋游艺活动的兴盛，一些民间棋艺家编撰的围棋谱也大量涌现，如《适情录》、《石室仙机》、《三才图会棋谱》、《仙机武库》及《弈史》、《弈问》等20余种明版本围棋谱，都是现存的颇有价值的著述，从中可以窥见当时围棋技艺及理论高度发展的情况。

到了近代，围棋在日本蓬勃发展，中国的围棋逐渐被日本赶超，清朝后期，中国棋手和日本棋手之间已经有一定的差距。新中国成立后，新一代的围棋国手在新中国成长起来。20世纪80年代中后期，聂卫平在中日擂台赛中创造了八场不败的纪录，取得了前三届中日擂台赛的胜利，也在神州大地掀起了新的围棋学习的热潮。

三、棋的下法和规则

1.象棋的下法

象棋的棋子共32个，分为红黑两组，各16个，由对弈双方各执一组，每组兵种是一样的，各分为7种：

红方：帅（1）、仕（2）、相（2）、车（2）、马（2）、炮（2）、兵（5）

　　黑方：将（1）、士（2）、象（2）、车（2）、马（2）、炮（2）、卒（5）

　　其中帅与将、仕与士、相与象、兵与卒的作用完全相同，仅仅是为了区分红棋和黑棋。

　　各棋子的走法说明：

　　将或帅

　　移动范围：它只能在王宫内移动。

　　移动规则：它每一步只可以水平或垂直移动一点。

　　士或仕

　　移动范围：它只能在王宫内移动。

　　移动规则：它每一步只可以沿对角线方向移动一点。

　　象或相

移动范围：河界的一侧。

移动规则：它每一步只可以沿对角线方向移动两点，另外，在移动的过程中不能够穿越障碍。

马

移动范围：任何位置。

移动规则：每一步只可以水平或垂直移动一点，再按对角线方面向左或者右移动。另外，在移动的过程中不能够穿越障碍。

车

移动范围：任何位置。

移动规则：可以水平或垂直方向移动任意个无阻碍的点。

炮

移动范围：任何位置。

移动规则：移动起来和车很相似，但它必须跳过一个棋子来吃掉对方的一个棋子。

兵或卒

移动范围：任何位置。

移动规则：每步只能向前移动一点。过河以后，它便增加了向左右移动的能力，但不允许向后移动。

胜、负、和

对局时一方出现下列情况之一，为输棋（负），对方取胜：

（1）帅（将）被对方"将死"。

（2）走棋后形成帅（将）直接对面。

（3）被"困毙"。

（4）在规定的时限内未走满规定的着数。

（5）超过了比赛规定的迟到判负时限。

2.围棋的下法

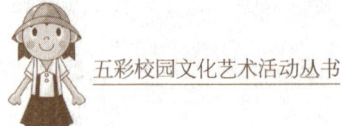
围棋的下子

（1）对局双方各执一色棋子，黑先白后，交替下子，每次只能下一个棋子。

（2）棋子下在棋盘的点上。

（3）棋子下定后，不得向其他点移动。

（4）轮流下子是双方的权利，但允许任何一方放弃下子权。

棋子的气

单个棋子在棋盘上，与它直线紧邻的空点是这个棋子的"气"。棋子直线紧邻的点上，如果有同色棋子存在，则它们便相互连接成一个不可分割的整体。它们的气也应一并计算。棋子直线紧邻的点上，如果有异色棋子存在，这口气就不复存在。如所有的气均为对方所占据，便呈无气状态。无气状态的棋子不能在棋盘上存在。

提子

把无气之子提出盘外的手段叫"提子"。提子有两种：

（1）下子后，对方棋子无气，应立即提取。

（2）下子后，双方棋子都呈无气状态，应立即提取对方无气之子。

禁着点

棋盘上的任何一点，如某方下子后，该子立即呈无气状态，同时又不能提取对方的棋子，这个点，叫做"禁着点"，禁止下子。

禁止

全局同形再现。

终局

（1）棋局下到双方一致确认着子完毕，为终局。

（2）对局中，有一方中途认输，为终局。

活棋和死棋

终局时，经双方确认，不能避免被提取的棋，都是死棋。终局时，经双方确认，不能被提取的棋，都是活棋。

计算胜负

双方下子完毕的棋局，计算胜负采用数子法。

（1）先将双方死子全部清理出盘外，然后对一方的活棋（包括活棋围住的点）以子为单位进行计数。双方活棋之间的空点各得一半，一个点即为一子。

（2）胜负的基准以棋局总点数的一半，即180又1/2点为归本数。凡一方活棋与所属空点的总和大于此数者为胜，小于此数者为负，等于此数者为和。

四、棋艺活动的指导

为了丰富校园文化生活，锻炼学生的逻辑思维能力和抽象思维能力，激发他们的学习兴趣，培养学生形成良好的人文素养，学校应该引导和指

导学生开展棋类活动。具体方法如下：

1.成立社团组织

学校可成立由校党总支和校团委领导的全校学生的群众性组织，如棋艺协会或棋艺社团等，由党总支和校团委共同指导开展工作。协会或社团的活动以活跃会员的精神文化生活，以棋会友，增进友谊为宗旨。

2.建立管理制度

有了固定的组织，就要建立相应的管理制度，否则，这个组织就是一盘散沙，既没有凝聚力，也没有战斗力，更不会有好的发展。

社团活动管理制度，可以学校为中心，以学生为目标，简洁明了，切实可行，使学生有法可依，有章可循。章程的主要内容应涉及学校的规定、纪律、社团成员的权利和义务等。

3.人事选拔制度

采用内阁责任制。社团大会是社团最高权力机构，于每年3月举行社长、副社长的换届选举工作。社长、副社长均由社团大会选举产生并对其负责。社长任期一年，不得连任；副社长任期一年，经社团大会选举通过后可连任一届。

社长、副社长上任后应立即任命棋社组织活动机构相关部门管理人

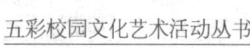

员。社长、副社长若不称职，社团大会有权对其弹劾。

4.财务管理办法

棋艺社团可向入会成员收取一定的费用，这些经费和用此经费购买的物品归棋社所有（由学校支持的除外），用于为会员服务，任何个人不得非法侵占。

5.棋艺活动内容

组织棋艺知识竞赛

比如举办棋类知识、棋类历史、棋类规则等知识竞赛，增加大家对棋类知识的了解。

观看经典赛事

把经典名家赛事录像放给会员看，领略名家风范。

组织棋艺表演赛

组织社团中的顶尖高手，表演一个人对战几个人的赛事。表演项目为中国象棋、围棋等。

象棋残局、围棋生死棋征解活动

由社团组织象棋、围棋高手摆出一些残局、生死棋，再由活动参与者进行定时破解。

协会联谊活动

每学期举行一到两次联谊活动。活动形式为到学校附近的地方游玩，进行象棋、围棋的比赛等，并积极扩大协会的影响力，并通过比赛获得棋艺方面的人才。

NO2.象棋活动指导

第一节　象棋基础知识

一、棋具常识

下象棋必须具备棋子和棋盘，这是人所共知的。除此之外，还必须遵守棋规，这样，此项活动才能顺利进行下去。因此说，象棋是由棋子、棋盘和棋规组成的。

1. 棋子和棋盘

棋子

从性质上看，象棋属于一种双方对垒的竞技活动，双方兵力相当，各有16个棋子，一黑一红，比赛时双方各执一组。具体兵力是：

红方有：帅、仕、相、车、马、炮、兵，其中有帅1枚，仕、相、车、马、炮各2枚，兵5枚。

黑方有：将、士、象、车、马、炮、卒，其中有将1枚，士、象、车、马、炮各2枚，卒5枚。

双方帅与将、仕与士、相与象、兵与卒的作用是一样的，仅仅是为了区别红

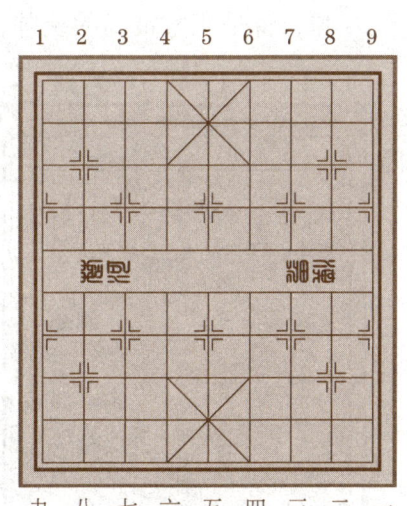

图1-1

19

棋和黑棋才作这样的划分。

棋盘

棋盘就是棋子的活动场地，也是它们厮杀的战场，它由10条平行横线和9条平行竖线交织而成，共有90个交叉点，棋子就摆在交叉点上。中间部分，也就是棋盘的第五、第六两条横线之间未画竖线的空白地带，称为"河界"。两端的中间，也就是两端第四条到第六条竖线之间的正方形部位，以斜交叉线构成"米"字方格的地方，被称为"九宫"（它恰好有9个交叉点）。

这样，"河界"就把棋盘分成完全相同的两个部分。为了记录比赛和学习棋谱方便起见，现行规则规定：按9条竖线从右至左用中文数字一至九来表示红方的每条竖线，用阿拉伯数字1至9来表示黑方的每条竖线。如图1-1所示。

2. 基本走法

在比赛进行之前，红黑双方应该把棋子摆放在规定的位置。如图1-2。

具体的基本走法如下：

帅、将

帅、将是双方最高的统帅，是对方攻击的最终目标，也是己方要保

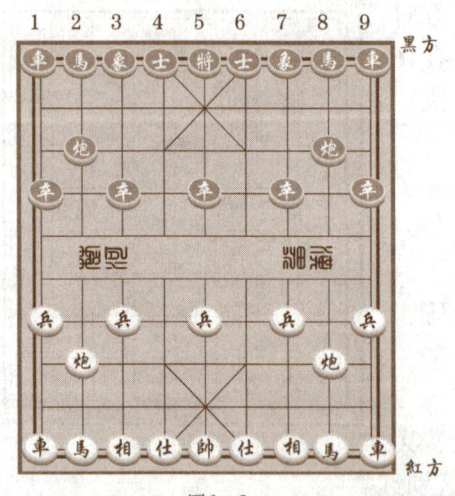

图1-2

图1-3

护的对象。它只能在"九宫"之内的9个点上活动，可上可下，可左可右，每次走动只能按竖线或横线走动一格。如图1-3。

还有一条比赛规则要遵守，就是帅和将不准在同一直线上直接对面，即"明将"。图1-3中的A点，是"明将"的位置，不能走。

仕、士

仕（士）是帅和将最贴身的护卫，它只能在"九宫"之内沿着斜线前进或后退一格，不能平移。如图1-4。仕（士）在"九宫"之内只有5个点可以到达。

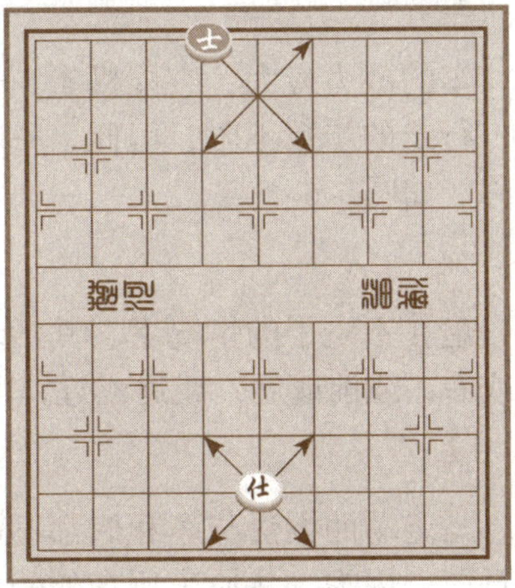

相、象

相（象）也是帅(将)的护卫者。

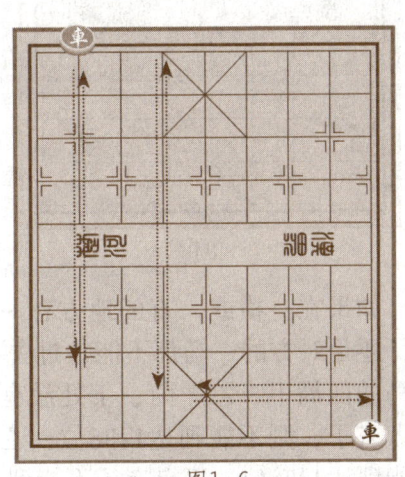

图1-4

它们走的路线是循对角线斜走两格，因为它走后的位置与原来的位置为一个"田"字的对角线，所以俗称"相走田"。如图1-5。

相（象）的活动范围只限于己方阵地的7个点上。如果在对角线的交叉点上，也就是在"田"字的中间交叉点处有一个棋子，并且无论是自己的还是对方的棋子，象就不能向那个方向走，这就叫"塞象眼"。例如图1-5中黑象不能向A点飞，因为有红马"塞象眼"，也不能向B点

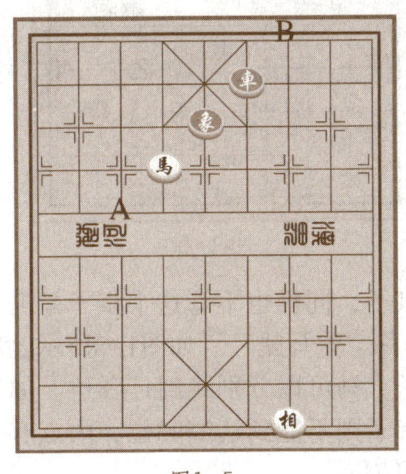

图1-5

图1-6

飞，是因为有本方的车"塞象眼"。相（象）的活动范围只限于"河界"以内自己的一方，不能"过河"。

车

车的威力最大，它能横走，也能直走，并且可进可退。只要无子阻拦，行走的步数不限，因此，一车可控制17个点，故有"一车十子寒"之称。如图1-6。

炮

炮在不吃子的情况下，其活动路线也如车不受限制，或直或横，或左或右，或前或后，或远或近，可谓随心所欲。如图1-7。

马

马走动的方法与车和炮都不同，它是斜着走一个对角线，俗称"马走日"。因为，从原来所在的一点，到新的一点，恰好构成"日"字。当马处在棋盘中间范围的某一个位置时，它能到达四面八方的8个点，可以说是"八面威风"。如图1-8。

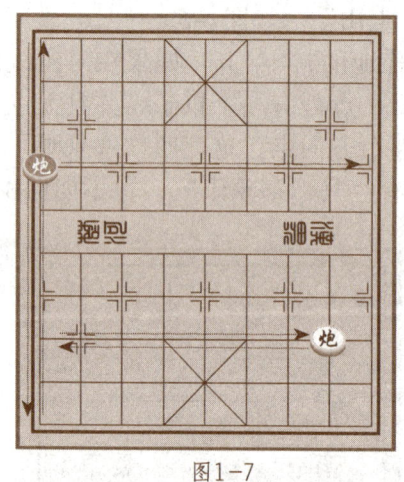

图1-7

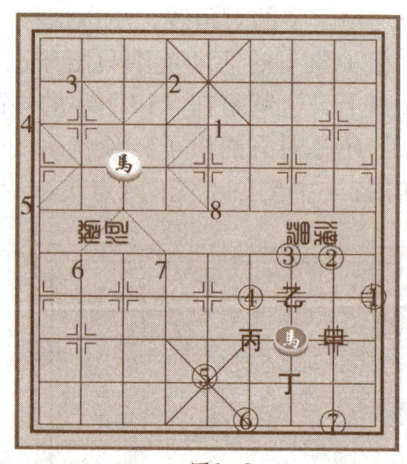

图1-8

如果在一横或一直的地方有一个棋子，同样也不管这个棋子是己方的，还是对方的，马都不能走过去，俗称"蹩马腿"。如图1-8所示。如果马的四周甲、乙、丙、丁处没有棋子，马可以分别跳到1至8位。如果甲点有子，则不能到达1和8位；乙点有子则不能到达2和3位；丙点有子不能到达4和5位；丁点有子不能到达6和7位。

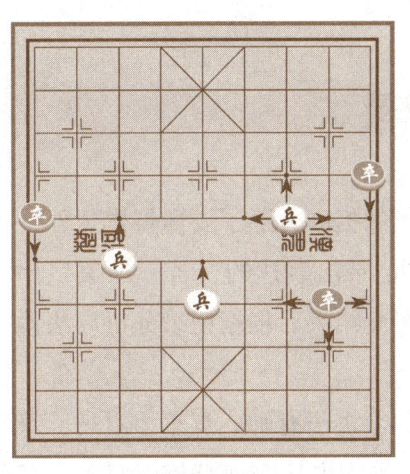

图1-9

兵、卒

兵（卒）在没有过"河界"时，只能向前走，并且每次只能走一格。过了"河界"后，除了可以继续向前走外，还可以横着走，但也只限于走一格，要注意的是兵（卒）不能向后走。如图1-9。

任何棋子在走动时，如果己方棋子可以到达的位置有对方的棋子，那就设法把对方的棋子吃掉，而占据这位置。只有炮的"吃子"方式与它的走法不同：它与对方棋子之间必须隔一个子，不管这个子是属于自己的，还是属于对方的，具备此条件才能"吃掉"对方。一定要注意，只隔一个棋子，这个棋子俗称"炮架子"。图1-10中的中兵，正处在红炮与黑卒之间，这个中兵就是"炮架子"。红炮有了这个"炮架子"，才能把黑卒"吃掉"。图1-11是吃过子后的盘面。

除了帅和将以外，任何棋子都可以听任对方吃或主动送给对方吃。

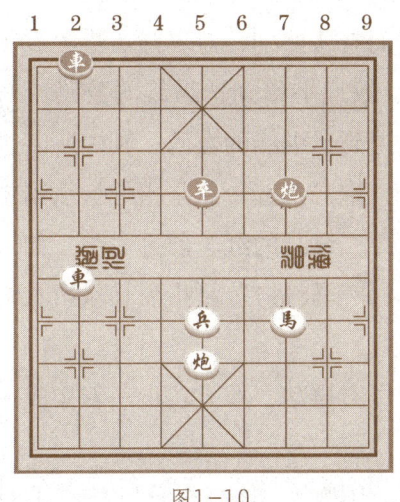

图1-10

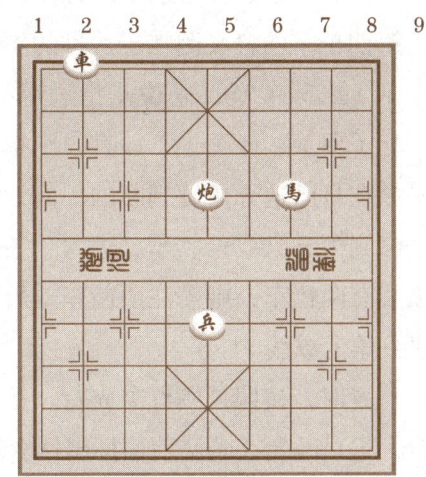

图1-11

23

二、棋步记录

初学者如果要使自己的棋艺得到进一步的提高，除了要懂得棋规外，还要懂得棋步记录的知识。因为棋谱是以记录法表达的，若参加象棋比赛，也要求棋手自己做记录，这样也便于对奕结束后根据记录分析局法得失，吸取经验教训。

上一节已说过，棋子分红、黑双方，红方棋子有帅、双车、双马、双炮、双相、双仕、五兵等7兵种16枚，黑方棋子也相应地有将、双车、双马、双炮、双象、双士、五卒等7兵种16枚。全盘共32枚棋子，都置于交叉点上对垒。

记录棋步时，每一着棋用4个字来表达。

第一个字，是棋子兵种的名称。所要注意的是红黑方的差别。

第二个字，是棋子所在纵线的数码。注意红黑双方关于纵线数码的描述是有不同规定的。红方从右至左用中文数字一至九表示，黑方从自己的右至左用阿拉伯数字1至9表示。

第三个字，是棋子运动的方向，如进、退、平等。

第四个字的含义因棋子兵种的不同而有所差别，对于帅（将）、车、炮（炮）、兵（卒）来说是指进退的步数或平移到达纵线的数码。对于马、相（象）、仕（士）而言，则指进退到达纵线的数码。其中所谓进退都是站在自己这方角度判断的。例如："炮二平五"，是指红炮从第二纵线平移到第五纵线；"车二进六"表示第二纵线的红车前进六步。如果第二纵线有两枚车，则需注明前车或后车；"马8进7"是指黑马从第八纵线前进到第七纵线。

比赛时，按照规则红方先行，接着黑方再动，双方各走一着构成一个回合，记录时要在着法前面标出回合数。

象棋的棋规与记录方法可以按照这些规则，摆好棋分别替红黑双方

走棋。这是我国现存最早的一个全局谱，载于宋代《事林广记》内，名为"饶先顺炮取胜局"，着法如下：

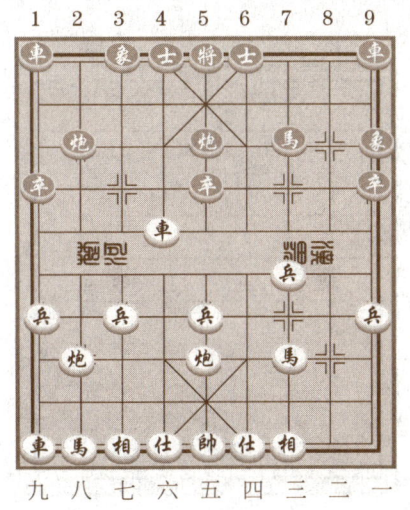

图1-12

1. 炮二平五　　炮8平5
2. 马二进三　　马8进7
3. 车一平二　　马2进3
4. 车二进六　　卒3进1
5. 车二平三　　马3进4
6. 车三退一　　马4进6
7. 兵三进一　　象7进9
8. 车三平七　　马6进4
9. 车七平六　　马4进3

棋谱到此为止，黑胜定。现在你可以把所演成的棋局与图1-12比较，如果完全一致，就说明你做对了。如果不一致，就要开始检查每一步棋，找到错处，查明原因，提高水平。

三、惯用术语

初学象棋者掌握些基本的象棋术语，对阅读象棋书本及观看象棋比赛都有一些好处和方便之处，因此，需要了解一些惯用的象棋术语。

将军

对局中，一方的棋子要在下一着棋把对方的将（帅）吃掉称之为"将军"，或简称"将"、"照"。如图1-13。

应将

被"将军"的一方所采取的反击、躲避或防卫的着法为应将。应将的方法有：

1.吃掉对方进行"将军"的棋子。

2.把帅（将）从危险地转移到安全地带。

3.用自己的棋子置于对方"将军"的棋子和自己帅（将）之间，俗称"垫将"。

4.遇到对方炮"将军"时，除以上"应将"办法外，还可以把己方被当做炮架子的棋子撤开。如遇马"将军"时，还可以巧妙地用自己的棋子蹩住马腿，使之欲"将"不能。

将死

如果被"将军"而无法"应将"，就算"将死"。如图1-14。

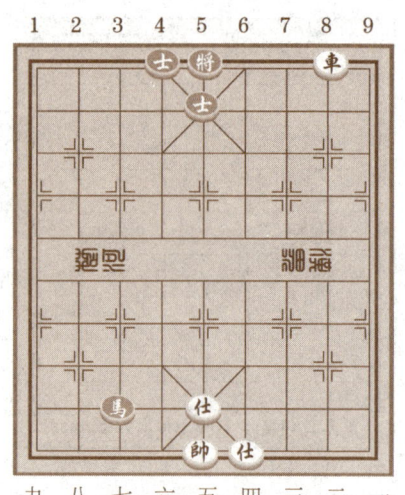

图1-13

困毙

轮到走棋的一方，帅（将）虽然没有被"将军"，却被禁在一个位置上无路可走，同时己方其他棋子也无路可走，就算被"困毙"。如图1-15。

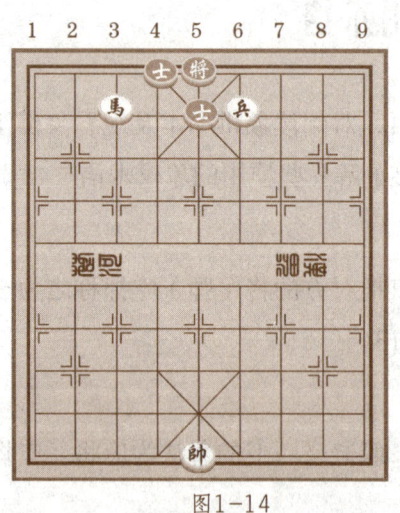

图1-14

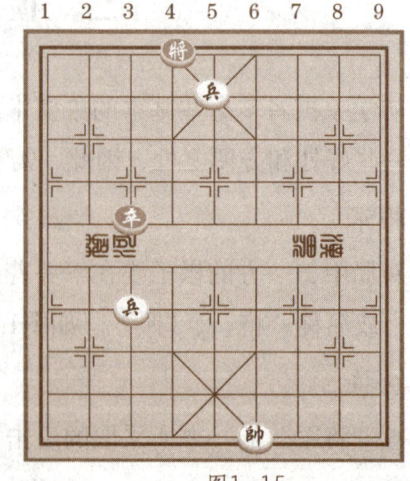

图1-15

胜

对局时，一方出现下列情况之一，就算输棋，对方得胜：

1. 帅（将）被对方"将死"。

2. 被"困毙"。

3. 自己宣布认输。

和

对局时，出现下列情况之一的，就算和棋：

1. 在理论上，双方均无取得胜利的可能。

2. 一方走出自己轮走的一着棋之后，提出议和的建议，对方同意此建议的。

3. 双方走棋出现3次循环反复，并符合"不变作和"的有关规定，又均不愿变着时。

河界线

构成河界的两条横线即为"河界线"。

巡河

下棋时，己方的棋子，（多指炮和车）在己方界线上巡戈，称为"巡河"。

骑河

下棋时，一方棋子在对方"河界线"上时，称为"骑河"。

中线

棋盘中第五条竖线。通常用"五"（红方）或"5"（黑方）来代表，中线通常被称为帅（将）的生命线，也为双方必争的战略要地。

肋道

棋盘中第四、第六两条竖线。通常用"四"、"六"（红方）或"4"、"6"（黑方）来代表。因在中线将（帅）位左右，形似人的两肋，故称"肋道"。

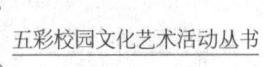
兵行线

也称"卒林线"。棋盘中"河界线"下面的第一条横线，兵、卒就摆在这条线上，故命之为兵行线、卒林线。

宫顶线

棋盘中"河界线"下面的第二条横线。它是"九宫"的最上层线，所以叫它为"宫顶线"。

底线

棋盘两端的第一条横线。

对局

双方下棋称"对局"，也叫"对弈"。

全局

指对局的全部过程。包括"开局"、"中局"、"残局"3个阶段。

局面

指对局中某一时期双方棋子分布的状态。一般包括"先手"、"后手"、"优势"、"平稳"、"对攻"、"复杂"、"均势"等。

起着

开局第一着。

胜势

对局中，局势已很明显，胜负一方基本上可以做出确定，胜券在握的一方称"胜势"。

胜定

对局中，一方多子并占优势，另一方少子又处于劣势，并且无反攻的机会，胜负大局已定。

其多子并占优势的一方称此棋局为"胜定"。

绝杀

对局中，一方下一着要将死对方，而对方又无力回天，称"绝杀"。

羊角士

把士支在九宫上角，称"羊角士"，是一种防守的方法。

花士象

或花仕相。指对局中双士象或双仕相在中线联防时左右分开的一种形式。如图1-16。

单缺士（仕）

对局中，象（相）全而士（仕）只剩一枚时，称"单缺士（仕）"。

单缺象（相）

对局中，士（仕）全而象（相）只剩一枚时，称"单缺象（相）"。

高兵（卒）、低兵（卒）、底兵（卒）

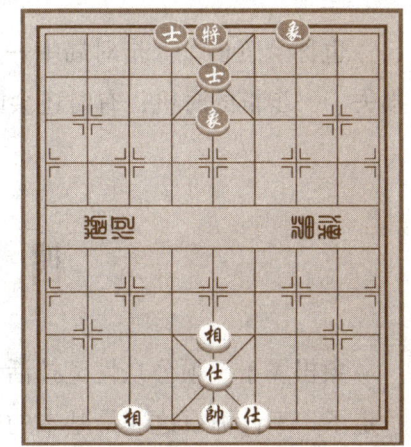

图1-16

兵（卒）过河界后，进入对方第二条横线（即"卒林线"或"兵行线"）时，称为"高兵（卒）"，进入对方第三、四条横线时，称为"低兵（卒）"，到达对方底线的兵（卒），称为"底兵（卒）"，又称"老兵（卒）"。

禁止着法

对局中，凡是单方面走出的"长打"，包括"长将"、"长杀"、"长捉"等，称为"禁止着法"。

允许着法

对局中，凡是单方面走出的"长兑"、"长献"、"长拦"、"长跟"、"一打一闲"、"二闲"等，称为"允许着法"。

闲着

也称"停着"。一种适宜于对局相持阶段的着法。走子的目的不是为了攻击对方，而在于观其变，再相机而动。因不是连续威胁对方，属允许

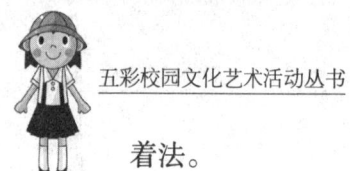

着法。

等着

属于对局相持阶段的着法。目的在于等待时机。性质与"闲着"差不多，但比"闲着"略为积极一些。

空着

也称"废棋"。指对局中一方走出的棋步对局势毫无影响。结果不仅损失了一步棋的时机，有时还会因这一步之差而全盘皆输。

四、简单规则

象棋属于一项公众性竞技活动，在两人对垒竞技中，除了规定双方摸子走子、不许悔棋这一最基本的规则外，常会出现双方循环反复的着法，其禁止与允许着法的原则规定如下。

1.禁止着法

凡是单方面走出的长将、长杀、长捉（其中要吃未过河的兵、卒，不算捉子之例）等"长打"的着法，属于禁止着法。必须改变走法，否则，判之为负。

长将除出现"解将还将"外（见图1-17），在任何情况下，均不许可单方面"长将"。

着法：（图1-17）红先。

1.炮五平四　　士6退5

2.炮四平五　　士5进6

3.炮五平四　　士6退5

着法：（图1-18），红先。

1.车四平五　　将5平6

2．车五平四　　　　将6平5

3．车四平五　　　　将5平6

4．车五平四　　　　将6平5

5．车四平五　　　　将5平6

任何情况下，红方如坚持不变判之为负。还有一种情况，那就是双方"解将还将"，如不变作和。

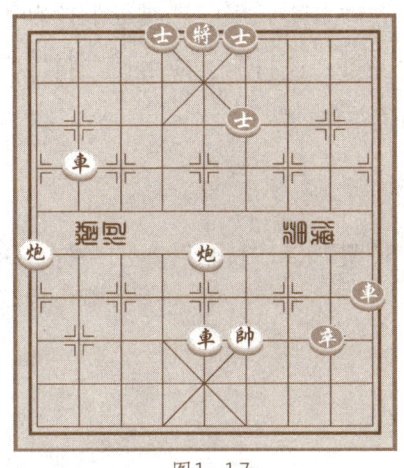

图1-17

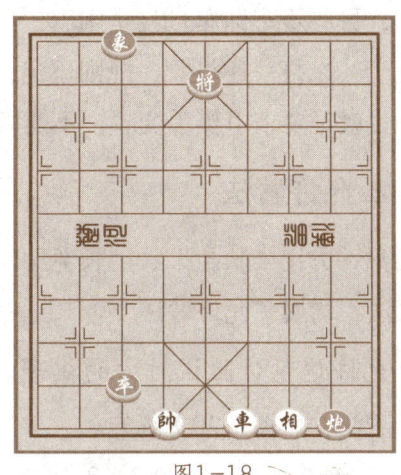

图1-18

二打一还打

"长将"、"长杀"、"长捉"都属"长打"的棋，甲棋手所走的那两步棋都属此列，可称为"二打"；而乙棋手所走出的相应的两步棋中有一步是属于"打"的棋，可以把这一步"打"的棋称为"一还打"。甲棋手走出"二打"，乙棋手走出"一还打"，就叫做"二打一还打"。见图1-19。

着法：红先。

1．马七进八　　　　车1退1

2．马八退七　　　　车1进1

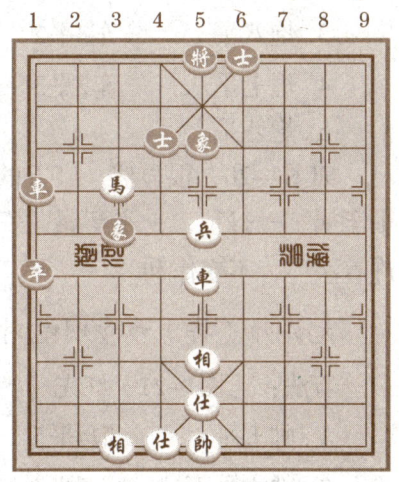

图1-19

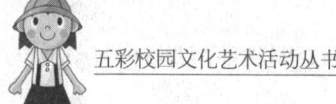

3．马七进八　　　车1退1

4．马八退七　　　车1进1

5．马七进八

图上显示，甲棋手所走的二步马，既可以吃士，又可以吃车，这样，这两步马自然都算"二打"。而执黑棋的乙棋手所走的相应的两步棋即两步车，其中有一步车（图1-18中的车1进1）可吃马，这一步可称为"一还打"，另一步车即车1退1是闲着，属于允许着法。甲、乙棋手的这种走法就属于"二打一还打"。规则规定，"二打一还打"，应由"二打"方变着，也就是要求甲棋手变着，不变则判负。

2．允许着法

只一方出"长拦"、"长兑"、"长跟"、"长献"、"一打一闲"等着法，均属"允许着法"。

允许炮步步阻拦对方的棋子

着法：（图1-20）红先。

1．炮八平七　　　车3平2

2．炮七平八　　　车2平3

3．炮八平七　　　车3平2

4．炮七平八　　　车2平3

5．炮八平七

如图1-20，很显然，红方的这步属"长拦"打法，黑方的两步棋，一平车属"一打"，一平车属"一闲"，"长拦"和"一打一闲"均属"允许着法"，不变作和。

允许帅（将）步步叫吃对方的棋子

着法：（图1-21）红先。

1．帅五平六　　　炮4平5

2．帅六平五　　　炮5平4

3．帅五平六　　　炮4平5

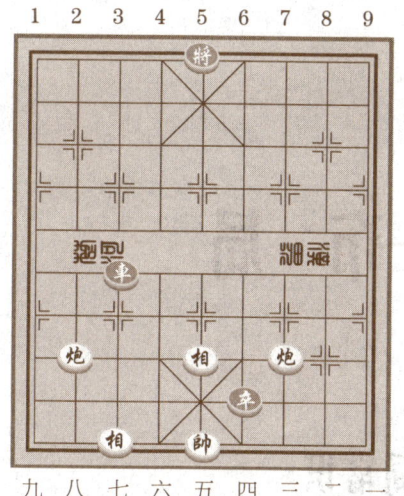

图1-20

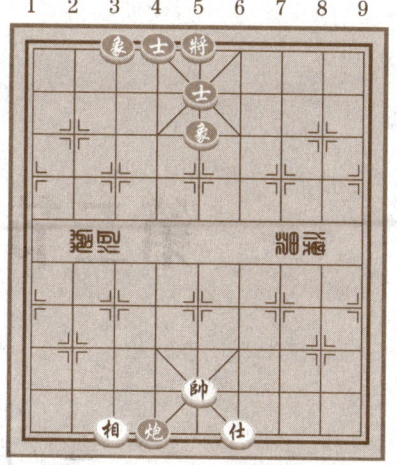

图1-21

4．帅六平五　　炮5平4

5．帅五平六

黑炮处处有被红帅吃掉的危险，却又无应对之策，这属允许着法，如不变作和。

允许兵（卒）步步叫吃对方的棋子

如图1-22，但不允许"长将"，或配合其他棋子进行"长要杀"。

着法：红先。

1．兵一平二　　车8平9

2．兵二平一　　车9平8

3．兵一平二　　车8平9

4．兵二平一　　车9平8

红兵长吃黑车，规则允许，不变作和。

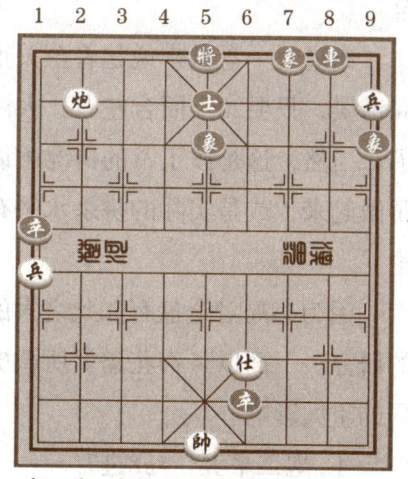

图1-22

33

第二节 布 局

一、布局常识

1. 布局意义

布局，从字面上理解就是展开局势，它是双方厮杀前所做的准备，下棋的布局也就是布置兵力以利于进攻或防守。到底布局阶段有多长？什么情况才算结束？这没有定论。短的，可能只有四五个回合；长的，有时走了10多个回合，双方都还在各自的阵地布置。一般情况下，大约在10个回合。

布局对一盘棋来说起着至关重要的作用，如果一方布局正确，一方布局错误，只要20个回合左右，大体上就可以决定胜负，没有中残局的纠缠了。当然，这是按正常的情况来说，如果布局正确的一方在取得优势之后骄傲起来，或是实际的拼杀水平有很大差距，以后走了劣着，那就另当别论。

因为布局对全盘有如此之大的重要性，所以，棋手们都很重视对布局的研究。下面以《梅花谱》所载屏风马破当头炮一局为例来说明布局对全局的重大影响。

　　1．炮二平五　　马8进7　　　2．马二进三　　卒3进1

　　3．车一平二　　车9平8　　　4．车二进四　　马2进3

5．兵七进一　卒3进1　　　6．车二平七　卒7进1

如图2-1，红方本可以挺中兵长驱直入，但是红方却没有这样做，而是急袭黑马，随即离开。

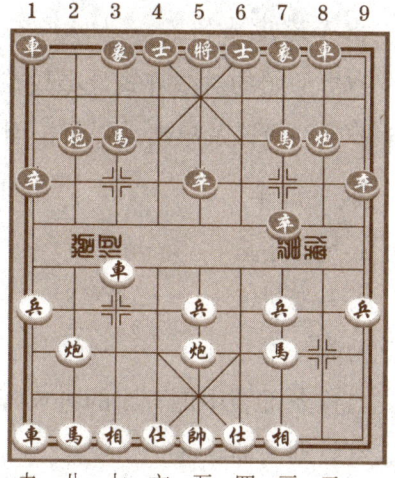

图2-1

7．炮八平七　马3进2

8．车七进一　炮8进2

9．车七平三　马2进4

红左翼车马还没有做好准备，就贸然发起进攻，第九回合红贪实利，用车吃卒捉双，黑弃子跃马取势，双方就这样展开了厮杀。

10．车三进二　象3进5

11．车三退三　马4进2

12．马八进九　马2进4

13．帅五进一　炮8平4

14．帅五平四　炮2进6

15．车九平八　车1进1

如图2-2，局势已很显然。红如吃炮，黑进8路车叫将，再平6路车杀。

16．车三平四　车8进8

17．帅四进一　马4进5

18．炮五退一　车8平6

19．帅四平五　车6退3

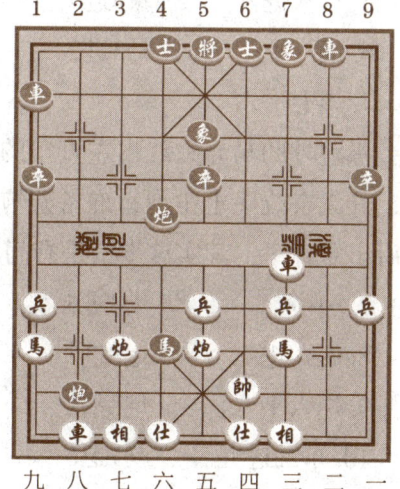

图2-2

黑方步法严谨，攻守有致，胜券在握。红方因在布局阶段第七、九回合走错，尽管以后采取了各种措施，均已无法挽回不利局面，由此可见布局的重要性。

2. 布局原则

出子速度要快

双方原始的对垒阵式是小兵在前，车马炮在后，为了部署一个有力的战斗阵形，应该及早出动强子，因此，开局要讲究出子速度。

尽快出车

1. 炮二平五　　　　马8进7

2. 马二进三　　　　车9平8

3. 车一平二　　　　……

红准备部署中炮直车的进攻阵形，此着是必要的，否则黑炮8平9先亮车，红计划受挫。

3. ……　　　　　　马2进3

4. 兵三进一　　　　卒3进1

5. 马八进九　　　　象3进5

6. 炮八平七　　　　马3进2

7. 炮七平六　　　　……

黑跳外肋马导致红出左直车的计划失败，红无奈改平士角炮，准备架炮驱马，然后出左直车，其实这步棋是有问题的。

7. ……　　　　　　士4进5

8. 炮六进三　　　　炮8进2

9. 炮六平八　　　　炮8平2

10. 车二进九　　　马7退8

11. 车九进一　　　车1平4

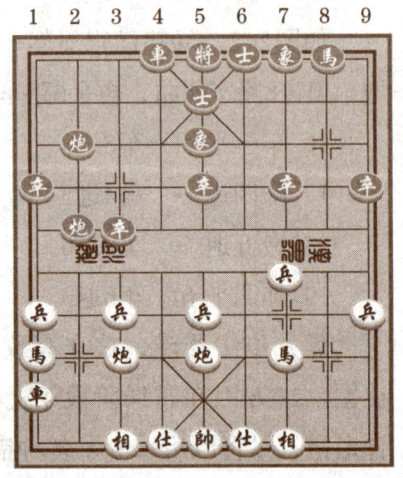

图2-3

如图2-3，双方都失掉一车后，都想抢先一步出动另一枚车，现在黑车先占肋线，这使它占尽了优势，致使红车难以施展，如平右翼并无攻击目标。

12. 炮五进四　　　马8进7

13. 炮五退二　　　马7进5

红炮虽吃黑方一卒，而黑马却趁机连上两步，这可算得上借利出马，红失利。

14. 车九平七　　　卒7进1

15. 兵三进一　　　马5进7

16. 炮五平三　　　卒3进1

黑子借弃卒之势发起了反攻。

17. 兵七进一　　　后炮平3

18. 车七平八　　　炮3进7

19. 仕六进五　　　车4进5

黑一招抢先，步步皆佳，至此红如相三进五、炮2平5、相五退七、车4平7，黑亦占据优势。

20. 车八进四　　　车4平7

21. 车八退三　　　炮3平1

黑强子全部出动，骑河车威胁红马；沉底炮破相有势，红子无反攻时机，皆躲在己方阵地，且挨打受制，黑优。

跃出快马

1. 炮二平五　　炮2平5　　　　2. 马二进三　　马8进9

3. 车一平二　　车9平8　　　　4. 马八进九　　马2进3

5. 车九平八　　车1平2

双方车均已出动，局势均衡，下步主要看马的攻势如何。

6. 兵九进一　　卒9进1　　　　7. 车二进四　　车2进4

应改炮8平7、车二平六、车2进6为宜，这样可避免红马吃车。

8. 马九进八　　车2平6　　　　9. 车二平六　　马9进8

10. 马八进六　　……

红马抢先一步过河，占据要点，使形势对红方极为有利，下面红炮八

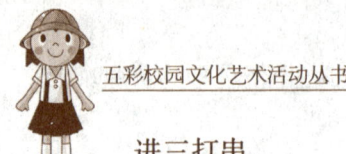

进三打串。

  10.……   卒3进1

  11.马六进七 炮8平3

  12.炮八进七 士6进5

  13.炮五进四 将5平6

  如图2-4，红一炮当头，一炮沉底，一车占据肋线，可谓咄咄逼人。至此不宜急于直走车八进八，因黑炮5进4打兵保士对攻。

  14.仕六进五 炮5平6

如改炮5平7 车八进八

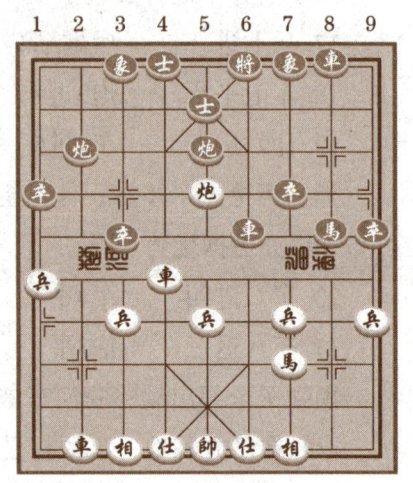

车8进1、车八平五、车8平5、车六进五、车5退1、车六平五、将6进1、车五平四抽车，红尽得利。

  15.车八进八 车8进1

  16.炮五平七 象7进5

  17.车六进四 炮3平4

  18.车八平七

  必破象，红优，这盘棋红方出子速度快，双车炮过河猛攻，黑子皆留己方阵地防守。

图2-4

  炮争要线

  1.炮二平五 马8进7 2.马二进三 车9平8

  3.车一平二 炮8进4 4.兵三进一 炮2平5

  5.马八进七 车1进1

  争取尽快出车移左，如先走马2进3、车九平八、车1进1、兵七进一、车1平8、炮八进一红易走。

  6.兵七进一 车1平8

  7.车九平八 ……

如图2-5，黑、红方均想占据红二线，但黑左炮抢先一步，探入红方阵地。

例如，黑续走马2进3，则炮八进一、炮8平2、车二进八、车8进1、车八进三、车8进3、车八进三再吃卒压马，红优。

7. ……　　　炮8平7

8. 炮八进一　……

红仍用高左炮奕法，由于黑出横车快一步，效果就不同了。

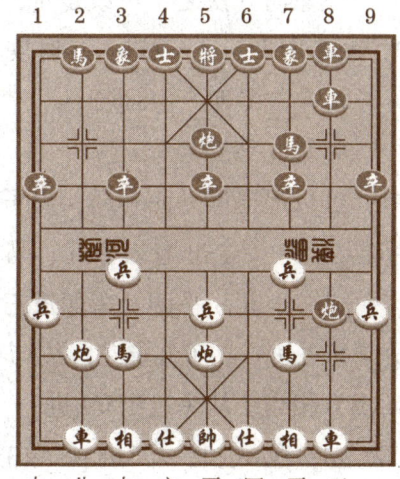

图2-5

8. ……　　　车8进8

9. 马三退二　　炮7平2

10. 车八进三　　车8进9

11. 车八进六　　车8平7

12. 车八平七　　车7退4

13. 车七退三　　卒7进1

双方各选取对方一翼作为攻击方向，红无利可占，如续走车七退一制马，轮到黑方走，红亏一先棋。

有效步计算法

有效步计算法可以衡量双方出子速度的快与慢。

1. 炮二平五　　马8进7

2. 马二进三　　卒7进1

3. 车一平二　　车9平8

4. 车二进六　　马2进3

5. 马八进九　　……

如要想尽快出左车，最佳的办法为跳边马，如改兵七进一，则出左车要慢一步。

5. ……　　马7进6

6. 车二退二　……

红车后退是为了免除黑盘河马的威胁，虽是一步退棋，却不是一步废棋。

6. ……　　　炮2退1

7. 车九进一　象3进5

飞象防守次之，可改走炮2平7、车二平四、车1平2、车四进一、车2进7、车四平三、车8进一，对攻。

8. 车二平四　炮8进2

9. 车九平二　马6退7

红以逼退黑马而开局，出子要断，如图2-6。从头走出炮二平五、马二进三、车一进一、车一平四、车四进三、马八进九、车九进一、车九平二，共8步有效棋；而黑方相当于从头走出马8进7、车9平8、卒7进1、炮8进2、马2进3、象3进5、炮2退1共7步有效棋。在这个意义上说，黑方不知不觉地在出子速度上输了一步棋。

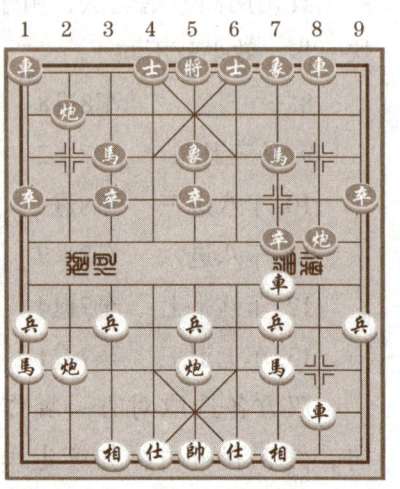

图2-6

集中兵力

在双方对垒比赛中，要尽力使自己的兵力集中，这样才能具有强大的攻击力，也才能有所作为。

顺炮横车对直车

1. 炮二平五　炮8平5　　2. 马二进三　马8进7

3. 车一进一　车9平8　　4. 车一平六　……

横车移左，双车马炮集结于一翼。

4. ……　　　车8进6　　5. 马八进七　车8平7

6. 炮五退一　马2进1　　7. 车六进三　炮2平3

8. 炮五平三　……

如改车六平八对车，黑车1进1出横车。

8. ······　　　　车7平6

9. 仕六进五　　　车1平2

10. 车九平八　　　车2进6

11. 相七进五　　　车2平3

如图2-7，黑车急于吃兵压马，致使后防空虚，红双车炮见机进攻。

12. 车六进三　　　炮3退1

13. 炮八进六　　　车3进1

14. 车六平九　　　车6进2

15. 炮三进五　　　象7进9

16. 车九平七　　　车3平5

17. 马三进四　　　······

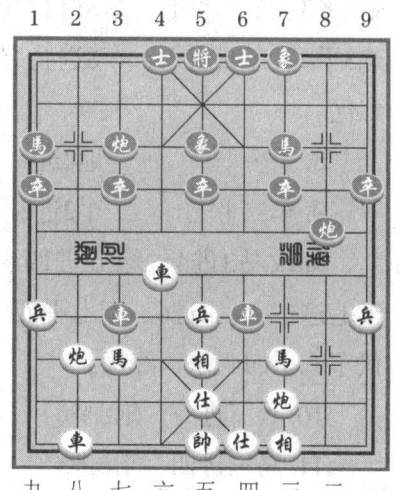

图2-7

如果急于走车七进一、车5平7、车七进一、炮5进4、帅五平六、车7平4、仕五进六、车6进1、帅六进一、车6平2，反倒给黑一个缓冲时机。

17. ······　　　　车5平3

18. 马四进六　　　炮3平6

19. 马六进五　　　象3进5

20. 车七平五　　　士4进5

21. 炮八平四　　　将5平4

22. 车八进九

红占了兵力集中的优势，最终取胜。

五七炮对单提马

1. 炮二平五　　马2进3　　　2. 马二进三　　卒3进1

3. 兵八进九　　马8进9　　　4. 车一平二　　车9平8

5. 炮八平七　　象3进5　　　6. 车九平八　　车1平2

车炮会受牵制，改炮2退2为宜。

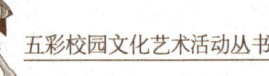

7. 兵七进一　　　卒3进1

8. 车二进四　　　……

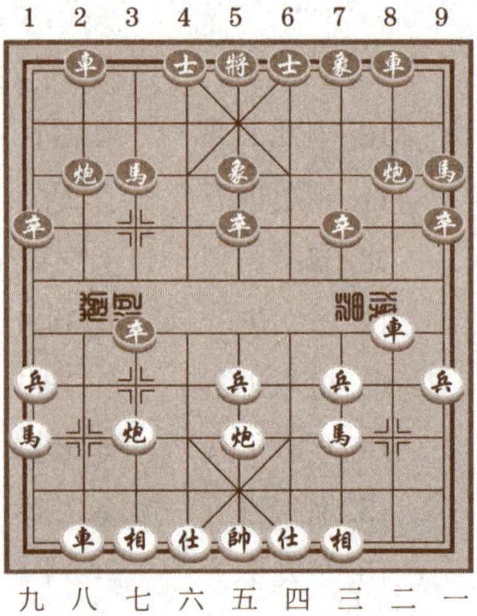

如图2-8，先弃兵后取回，顺便把右车移左，这是主力集结的常用手段。由于有7路炮瞄马，红车吃卒后构成强大攻势。至此，黑如续走士4进5、炮七进五、炮8平3、车二平七、炮3退2、炮五进四、炮3平4、车八进六、车8进4、车七进三，红优。

8. ……　　　　　炮2进4

9. 车二平七　　　车2进2

如改马3进4、炮五进四、士6进5、车七进一、马4进6、车七平四、马6进7、车八进三、车2平1、兵五进一，伏车八平四叫杀，红优。

10. 兵三进一　炮8平6

11. 马三进四　士6进5

如改车8进4、兵三进一、车8平7、炮七进五、炮6平3、马四进五咬双得子。

12. 车七进二　卒9进1

如改炮6进1　车七退三捉双得子。

13. 马四进六　马3退2

红集中主力猛攻黑左翼，黑顿陷于不利局面。

五六炮对反宫马

1. 炮二平五　马2进3　　　2. 马二进三　炮8平6

3. 兵三进一　卒3进1　　　4. 马八进九　象7进5

5. 炮八平六　车1平2　　　6. 车九平八　炮2进4

红左车欲动不能，急需调右军至左翼，增强兵力，这至关重要。

图2-8

7. 马九退七　炮2退1

如改炮2进2、兵五进一、马8进7、兵五进一、卒5进1、马七进六、卒5进1、车一进一、炮2退3、马六进七，红优。

8. 车一进一	马8进7	9. 车一平四	士6进5
10. 车八进三	车9平8	11. 车四进三	炮2退1
12. 兵七进一	车8进4	13. 马七进六	卒3进1

14. 车四平七　……

如图2-9，红右车终至七路河界，实现了增兵左翼的调度计划。

14. ……　　　车8平6

15. 兵五进一　车6进2

16. 兵五进一　卒5进1

17. 炮五进一　车6退2

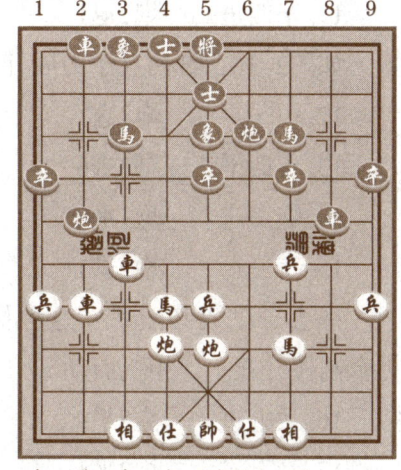

图2-9

如改卒5进1、车七平五、车6平7、车五平四、炮6退2、马六进五、马7进5、相三进五，红优。

18. 炮六平五　炮2平4

19. 车八进六　马3退2

20. 车七进二

红车吃卒压马；红马踏中卒，红尽得利。

左右配合

在原始阵形中，兵、马、炮、车等是左右各有一枚，并且对称，即兵力分布上，左右是一样的，有时，不必破坏左右兵力均衡态势，并且要左右配合，互相呼应。

五六炮对屏风马

1. 炮二平五	马8进7	2. 马二进三	卒7进1
3. 车一平三	车9平8	4. 车二进六	……

红出车封锁黑左翼子力，否则黑炮8进4封车，红便施展不开。

4. ……　　　　　马2进3　　　　5. 炮八平六　　炮8平9

6. 车二平三　　炮9退1　　　　7. 马八进七　　炮9平7

8. 车三平四　　士4进5

黑此举是避免红方伸车象眼捉炮，以便退右炮打车，但因红有助炮拦炮的棋，所以不如改走马7进8、车四进二、炮7进1，这样才不致于落势。

9. 车九平八　　……

红方遵循两翼子力发展均衡的原则，步法严谨，前可攻后可守。

9. ……　　　　　车1平2　　　　10. 车四进二　　炮2退1

11. 车四进二　　炮2退1　　　　12. 车八进七　　……

如图2-10，红两翼子力展开攻势，黑处于被动挨打局面。

12. ……　　　　　炮8进1

13. 车四平三　　马7进6

14. 炮六进六　　炮7平8

15. 车三退一　　炮2进1

黑丢子已成必然，在这种情况下，黑牵制住红双车，相机而动。

16. 兵七进一　　炮8平9

17. 马七进六　　炮2平1

18. 马六进四　　……

黑双炮平边生根，便于活车。红跃马过河，准备兑子解困。

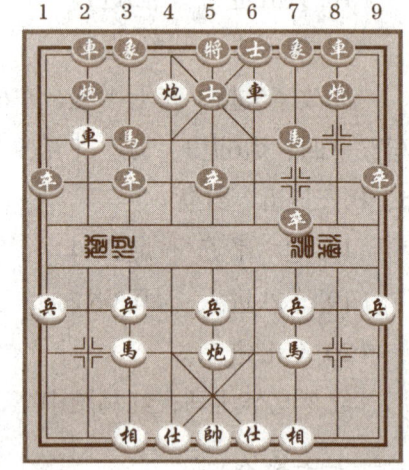

图2-10

18. ……　　　　　炮1进4

19. 马四进五　　炮9平5

如改炮1平7、马五进三、将5平4、炮五平六、士5进4、前炮平八、士4退5、车三平六杀。

20. 车三退二

红多子优。

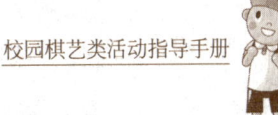

中炮巡河车对屏风马

1. 炮二平五　　马8进7　　2. 马二进三　　卒3进1

3. 车一平二　　车9平8　　4. 车二进四　　马2进3

5. 兵七进一　　卒3进1　　6. 车二平七　　炮2退1

准备平3炮打车，是反击要着。如改卒7进1、兵五进一、炮2退1、兵五进一，黑中路受攻。

7. 炮八平七　　炮2平3

8. 车七平二　　炮3平7

可改卒7进1、车三进一、象3进5、车三进二、马3退5、炮五进四、炮3进8、帅五进一、炮3平1，这是历史上有名的弃马陷车局，变化异常激烈复杂，如对其变化规律不清楚，则易陷于其中，演变结果，黑方较优。

9. 马八进九　　卒7进1

10. 车三平四　　象7进5

11. 车四进四　　炮7退1

12. 马九进七　　车1进2

13. 车九平八　　……

在7回合之前，红右车移至左翼，不过后来又返回右翼，如图2-11，形成左右子力呼应的局面，局势很是开朗。

13. ……　　　　马7进8

14. 车八进四　　炮7进6

黑炮取兵瞄马相，并非挂着，应补士固防。

15. 炮七进五　　车1平3

16. 炮五进四　　士6进5

17. 马七进六　　车3进2

应改车3平4、马六进八、车4平2，黑可抗衡。

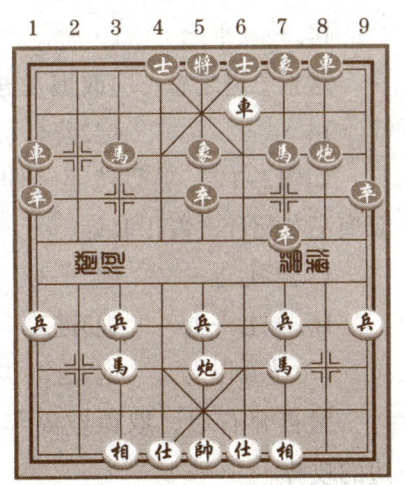

图2-11

45

18. 马六进五　　象3进5

19. 车四平五　　士4进5

20. 车八进五

红方弃马求象，随即，左右车互相配合，构成杀力。

五九炮对屏风马

1. 炮二平五	马8进7	2. 马二进三	卒7进1
3. 车一平二	车9平8	4. 车二进六	马2进3
5. 兵七进一	炮8平9	6. 车二平三	炮9退1
7. 马八进七	炮9平7	8. 车三平四	士4进5
9. 炮八平九	马7进8	10. 车九平八	车1平2

11. 车八进六　　……

决心对攻，如改车四进二、炮1进5、相三进一、炮2进一、炮7平3，红左车被封。

11. ……　　　　卒7进1

伏驱7卒渡河，属积极应对之策。

12. 车四退一　　卒7进1

13. 马三退五　　象3进5

14. 马八平七　　……

这犯急进之忌，应改炮九进四。

14. ……　　　　炮2着4

如图2-12，黑毅然弃马伸炮打车，双炮左右配合，轰相取势。

15. 车七进一　　炮2平3

16. 车七平九　　炮3进3

17. 马五退七　　炮7进8

黑再弃右炮，取得左翼车马炮卒归边的攻势。

18. 仕四进五　　马8进9

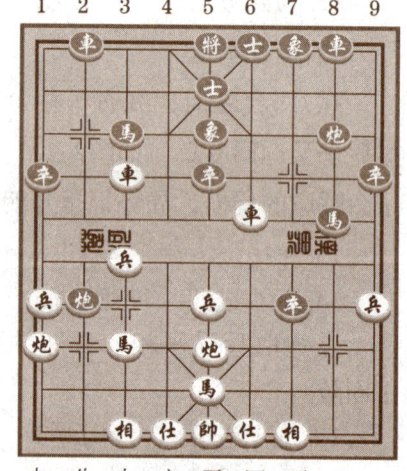

图2-12

19. 炮九平八　　……

如改炮五进四、卒7进1、车四退二、炮7平9、车四平一、车8进9、仕五退四、炮9平6，有退炮抽车及双车左右夹将的棋，红无应变之策。

19.　……	炮7平9	20. 仕五进四	车8进9
21. 帅五进一	阵8退1	22. 帅五退一	炮9退1
23. 炮五进四	……		

如改仕六进五、车8进1、仕五退四、炮9进1，伏抽车及马9进8杀，黑也有利。

23.　……	车8进1	24. 帅五进一	马9进8
25. 帅五进一	车8平5	26. 仕四退五	卒7进1
27. 帅五平六	车2平4	28. 帅六平五	炮9退1

黑胜。

攻不忘守

布局时，不要一味着布攻棋，还要布守棋，这样才能做到前可攻、后可守，攻不忘守是布局的一个原则。

中炮过河车对屏风马

1. 炮二平五	马8进7	2. 马二进三	卒7进1
3. 车一平二	车9平8	4. 车二进六	马2进3
5. 车二平三	炮8退1		

红平车压马犯急进之忌，可改走兵七进一，待黑炮8平9邀兑车时，再走车二平二、炮9退1，如不这样，定会亏棋。

6. 车三退一	炮8平7
7. 车三平六	象3进5
8. 车六进一	……

红车被赶走已落势，现更不该进卒林攻黑右马，左翼车马炮静观其变，三路线有弱点，后防未固而较频繁地走动孤车去强攻，如图2-13，红方前景不佳。

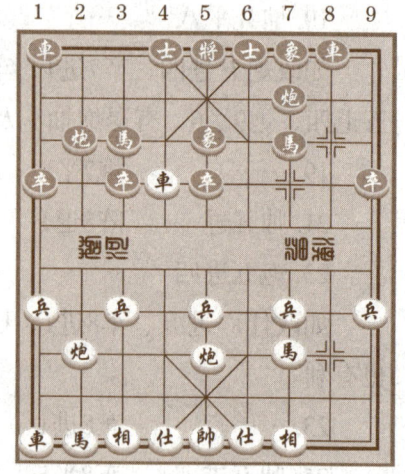

图2-13

 图2-13

8.……　　　　马7进6

9.车六平七　　车1平3

10.炮八平七　　马6进4

这一着法颇佳，逼兑子以取得反先之势。

11.车七进一　　车3进2

12.炮七进五　　炮7进6

13.马八进九　　炮2进4

红兑一车后，另一车未尽快出动，致使中路及右翼底线空虚，黑见有机可乘伸炮射兵，转入反攻。

14.兵七进一　　……

如改车九进一、炮2平5、仕六进五、车8进8、帅五平六、车8平7、相三进一、车7平8，再沉炮叫将，红更难应对。

14.……　　　　炮2平7　　　　15.相三进一　　车8进8

16.仕四进五　　前炮进2　　　　17.炮五平三　　前炮平9

18.仕五进四　　车8退1　　　　19.炮三退一　　车8进2

20.帅五进一　　车8退1　　　　21.炮三平四　　炮7平6

红炮被捉，黑胜出，而红车来不及救助，故红必输无疑。

中炮对屏风马三卒

1.炮二平五　　马8进7　　　　2.马二进三　　卒3进1

3.车一平二　　车9平8　　　　4.马八进九　　马2进3

5.车二进六　　象3进5　　　　6.车二平三　　……

这一步棋草率、轻进，应改车九进一、士4进5、车九平六，控制黑马出路，稳步进取。

6.……　　　　马3进4　　　　7.兵三进一　　炮8进4

五彩校园文化艺术活动丛书

48

如图2-14，红忽视了自己过河车的安危及右底相空虚的弱点，而贸然出兵，黑及时伸炮准备平7反击，这一着使局势大变，红顿处于下风。

8. 炮五进四　士4进5

9. 炮五退一　炮8平7

10. 车三平六　炮7进3

11. 仕四进五　炮7平9

12. 帅五平四　……

如改车六退一、炮2进2、车六平七、炮2平5、车七平五、车8进9、仕五退四、车8退5抽车。

12. ……　车1平4

13. 车六进三　将5平4

14. 炮八平六　炮2平4

15. 炮六进五　士5进4

16. 车九平八　车8进9

17. 帅四进一　车8退2

18. 车八进九　将4进1

19. 马三进四　……

如改车八退七、马4进5、车八平五、马5进7、仕五进六、车8进1、帅四进一、炮9退2杀。

19. ……　马7进8

20. 马四退五　马4进5

21. 仕五进六　车8进1

22. 帅四退一　马5进7

23. 马五退三　车8平7

24. 车八平四　车7平5

黑胜。

中炮冲中兵对屏风马

1. 炮二平五　马8进7

2. 马二进三　卒7进1

3. 车一平二　车9平8

4. 车二进六　马2进3

5. 兵七进一　炮8平9

6. 车二平三　炮9退1

7. 兵五进一　炮9平7

8. 车三平四　士4进5

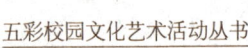

9. 兵五进一　卒7进1　　10. 马三进五　卒7平6

红方因贪吃卒而致车退，从而失去了对卒林线的控制权，属稳健应法。至此红如不吃卒而急于走马五进六，则马7进8、车四平三、马8退9车三退一、象3进5，红平车则炮打相，取得沉底炮攻势。

　　11. 车四退二　　　卒5进1

　　12. 马五进六　　　马3进5

　　13. 车四进二　　　象3进5

　　14. 炮五进四　　　车1平4

如图2-15，红在右相无根、左翼马炮都没有发动的情况下，贸然进攻，虽吃掉对方一子，却也致己方过河马被捉，中炮也未站稳脚根，总的感觉是后防未固，毛病很多。黑方子力全部活跃，伺机进攻。

　　15. 马六进七　　　车4进2

　　16. 车四进一　　　……

后方未固便贸然进攻，属战略失策，应改相七进五送回一马以缓和局势。

　　16. ……　　　　　马7进8

　　17. 车四退四　　　……

如改相七进五、炮2进1，黑易走。

　　17. ……　　　　　炮7进8

　　18. 仕四进五　　　马8退7

　　19. 车四进四　　　炮7平9

　　20. 帅五平四　　　炮9平4

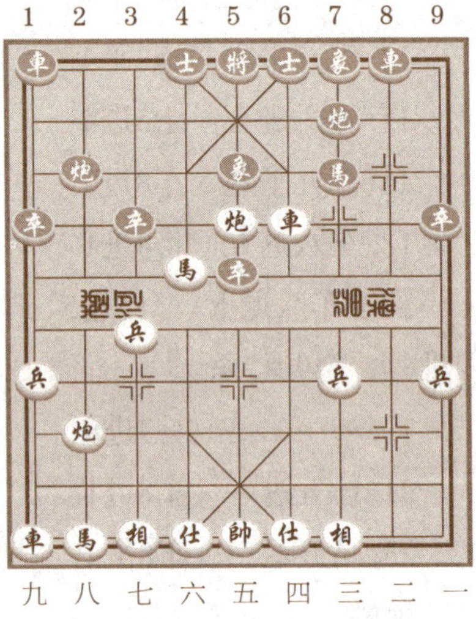

由于红方后防势弱，黑方借机猛攻，至此破士成势，红殊难应对。

　　21. 车四平三　　　炮4平2

　　22. 相七进九　　　车8进9

　　23. 帅四进一　　　车8退6

　　24. 炮八平五　　　……

图2-15

如改炮八进四、车8进5、帅四进一、炮2退2、帅四平五、卒5进1，黑必胜无疑。

24. ……　　　　　车8进5

25. 帅四进一　　　前炮退2

26. 后炮进一　　　车4进5

27. 后炮退一　　　车8平5

28. 车三平四　　　车4平5

黑胜。

以上3个局例都在说明一个问题，那就是稳固的后防对整盘棋的输赢起着至关重要的作用，要做到前后兼顾，攻中有防。

掌握主动权

比赛时，掌握主动权十分关键，谁掌握了主动权往往就能控制整个局面，使对方陷入被动，因此，双方都尽力争夺主动权，抑制对方子力，活跃己方子力，以部署成优越的阵形。

中炮直横车对屏风马

1. 炮二平五　　　马8进7

红方摆中炮要打中卒成空头炮，黑跳马保卒应付，红棋走先着主动权在握。

2. 马二进三　　　卒7进1

3. 车一平二　　　车9平8

4. 车二进六　　　……

黑准备炮8进4封车，压缩红车的活动空间，伺机反夺主动权，所以红车过河保持先手。

4. ……　　　　　马2进3

5. 马八进九　　　马7进6

黑跳出左马盘河，随时冲卒蹩车，跃跃欲试，意还在争取主动权。

6. 车九进一　　　象3进5

7.炮八平六　　　士4进5

红平士角炮是一步停着，埋下伏兵，黑补士失算。如图2-16，红设计了一个谋子计划。

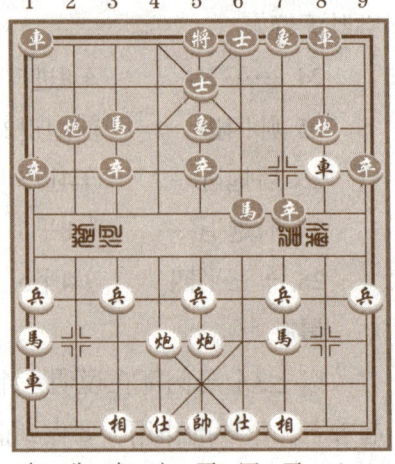

图2-16

8.车九平四　　　炮8平6

如改马6进7、车四进二、卒7进1、相三进一、车1平4、仕六进五、车4进5、相一进三、车4平7，三捉死马。

9.车二进三　　　炮6进6

10.车二退八　　　炮6退2

11.车二平八　　　车1平2

12.车八进三　　……

兑车后，红退车捉炮，再平车捉炮，不肯轻放主动权。现在升巡河车，准备平四捉双，黑马炮难逃。

12.……　　　炮6进2　　　　　13.车八平四　　炮6平1

14.车四进一　　炮2进7

黑运炮至底抓住红左翼兵力不足及底相无根的弱点，反击红方，抢回主动权。

15.车四退四　　炮1进1

如改炮2退1、车四进三、炮1进1、兵九进一、再平车邀兑，红优。

16.马九退八　　炮1平3　　　　17.仕六进五　　车2进9

18.车四进三　　……

红多子缺相，黑沉炮有势，长远来看，红方会掌握主动权而居上风。

顺炮横车对直车

1.炮二平五　　炮8平5

双方的中炮之争，都只为一个目的，那就是控制中线。

2.车一进一　　……

红方希望走成横车局，所以抢出这步车。通常顺炮局，出直车还是横

车，主动权在红方手中。

2. ……　　　马8进7　　　　　3. 马二进三　车9平8

4. 车一平六　车8进6

黑车过河，准备吃兵压马控制红方右翼。

5. 兵七进一　炮2平3

黑摆卒底炮，欲挺3卒攻相，此时红应提高警惕，积极应对，否则会失去对主动权的控制。

6. 马八进七　卒3进1　　　　　7. 马七进六　卒3进1

8. 马六进五　……

红为掌握主动，毅然出左马、弃兵，出击。

8. ……　　　士6进5

如改车8平7、车六进七、马7进5、炮五进四、士6进5、车六平八、车7进1、相七进五、车7退1、炮八进七、车7平5、车八平五、将5平6、车九进一、车5平6、车五进一、将6进1、车九平二，红大优。

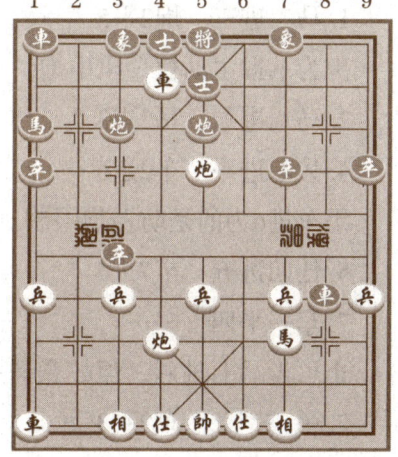

图2-17

9. 车六进七　……

准备平八压死马，黑须应付，红方仍然掌握主动权。

9. ……　　　马7进5

10. 炮五进四　马2进1

11. 炮八平六　……

又是一步掌握主动权的紧着，伏炮轰士打车，如图2-17，黑应改走车1平2对攻。

11. ……　　　将5平6

12. 炮六进七　士5退4

13. 车九进二　……

伏车九平四叫将，继续掌握攻杀的主动权。

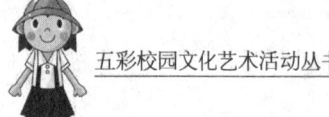

13. ……　　　车8退4　　　14. 车九平六　　炮3进7

15. 仕六进五　马1进3　　　16. 前车进一　将6进1

17. 后阵进四　马3进4　　　18. 前车平五　车1进1

19. 车五平三　炮5退1　　　20. 车六进三　　……

黑缺士怕车，红步步催紧，主动攻击。

20. ……　　　炮5平2　　　21. 车六退一　将6进1

22. 炮五平八　炮2退1　　　23. 车六退一　象3进5

如改将6退1、车六平二、炮2平7、车二进一抽车。

24. 车三退三　将6退1　　　25. 车三进二　　……

抽车，红胜定。

屏风马对五七炮

1. 马二进三　炮2平5

黑为掌握主动权，出中炮。

2. 马八进七　马2进3　　　3. 车九平八　车 1 平2

4. 兵七进一　车2进6

黑车进6为的是防左炮限制。

5. 仕四进五　卒7进1　　　6. 相三进五　炮8平7

7. 车一平四　　……

也可走马七进六，但故意诱黑平车压马，以便弃子抢攻。

7. ……　　　车2平3　　　8. 炮八进六　车3进1

9. 炮八平七　　……

如图2-18，红利用弃马赢得了远炮射座的机会，对黑发起了猛攻，黑落于下风。

9. ……　　　车3退1

如改马3退5、炮二进四、卒3进1、车四进八、象7进9、车四平二、马8进6、车二平四、车9平8、炮二平九、卒7进1、车八进六，红易走。

10. 炮七退二　　　车3平4

11. 炮七进三　　　士4进5

12. 炮七平九　　……

红运炮沉底，攻击，更居上风。

12. ……　　　　将5平4

13. 炮二进六　　炮7退1

14. 车四进九　　将4进1

如改士5退6，红车八进九杀。

15. 车八进八　　将4进1

16. 炮九退二　　马3进2

17. 车四平六　　士5退4

18. 车八平六

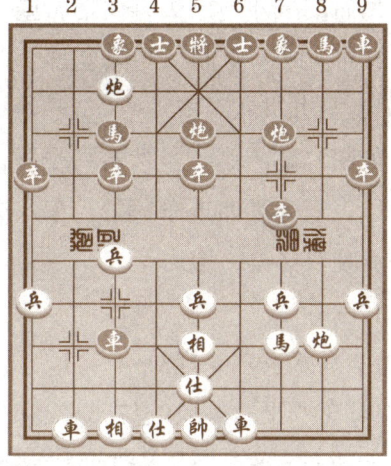

红紧握主动权，连连叫将叫杀，结果弃车入局。图2-18

步步紧逼

双方在布局过程中，力求自己掌握主动，控制要点，步步紧逼对方，不给对方一丝喘息之机。

顺炮横车对直车

1. 炮二平五　　炮8平5　　　　2. 马二进三　　马8进7

3. 车一进一　　车9平8　　　　4. 车一平六　　士6进5

补左士是对的，如补右士，将门被红肋车控制，黑难走。

5. 车六进七　　马2进1　　　　6. 车六平八　　炮2平3

黑右车被红车炮封死，黑边马也动弹不得，这是顺炮横车常用的封锁性战术，在控制黑右翼子力的基础上展开攻势。

7. 兵九进一　　车8进6　　　　8. 兵九进一　　……

兑兵通边车是佳着，如急于跳马八进九、车8平7、马九进八、车1平2、车八进一、马1退2、炮八进七、车7进1，兑子后黑压力略减，局势缓和。

8. ……　　　　卒1进1　　　　9. 车九进五　　车8平7

10. 马八进九　　卒7进1　　　　11. 仕六进五　　象7进9

黑右翼战斗力已失，便把希望寄托于左翼，但此着如急于冲卒7进1渡河，红车九平三牵制，则黑全盘子力动弹不得。

12. 马九进八 ……

如图2-19，红方虽然右马受压，但左翼子力强大，控制了黑方，仍占据上风。至此黑如走车1平2、车八进一、马1退2、炮八进七、车7进1、马八进六咬双必得一炮。

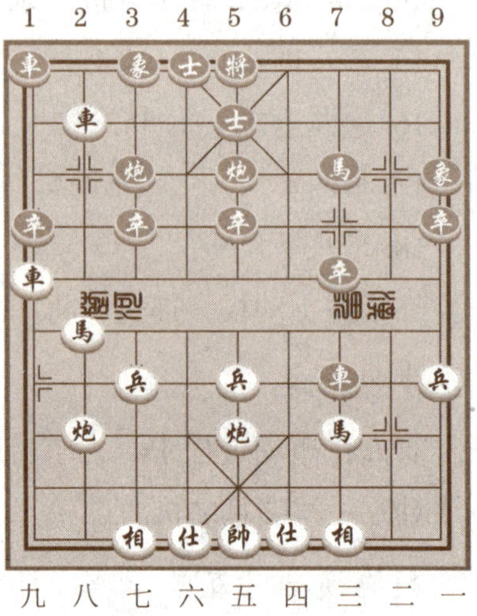

12. …… 卒7进1

13. 马八进六 炮3平4

14. 车八平六 象9退7

如改炮5平6、炮五进四、将5平6炮五平四、将6平5、炮八平五、车7进1、炮四退四、车7进2、车六退一、炮6平5、马六进五、象3进5、车六平五捉双得子。

15. 马六进五 象7进5

16. 炮八进五 ……

图2-19

红在掌握棋面的主动权的情况下，不给对方喘息的机会，向黑方空虚之处发起猛攻。

16. …… 车7进1

如改马7退6、车九平二、车1平2、炮八平五、马6进5、车二进四、士5退6、炮五进四、马5进7、车二退二、马7进6、车二平五、士6进5、车五进一、将5平6、车六进一杀。

17. 炮八平五 将5平6 18. 后炮平四 车7平6

19. 仕五进四 车1平2 20. 炮五平九 象3进1

21. 车九平三 ……

红运车制马，黑马难遁。

21. …… 马7退9 22. 车三进三 马9进8

23. 车三进一 将6进1 24. 车三退三 马8退9

56

25. 车三进二　……

叫将抽马，红胜定。

中炮巡河炮对屏风马

1. 炮二平五　马8进7　　　　　2. 马二进三　车9平8

3. 车一平二　……

红方如不出车，则黑炮8平9便取得8路线的控制权。

3. ……　　　马2进3　　　　4. 兵七进一　卒7进1

黑挺卒是明智之举，如若不然，红兵三进一，必制黑双马。

5. 马八进七　象3进5　　　　　6. 炮八进二　……

红右马欲前不能，升巡河炮准备兑兵开拓马路。

6. ……　炮2退1　　　　　7. 车二进四　……

红此棋稳健，停车问路。如改兵三进一、炮2平7、兵三进一、炮7进3，黑左翼有些反击手段。

7. ……　炮8进2　　　　　8. 马七进六　炮2平3

黑此棋为错误之举，以后被红中炮瞄往右马而吃亏，应改卒3进1　兵七进一、炮8平3、车二进五、马7退8、马六进五、马3进5、炮五进四、炮2平5，兑炮后双方平稳。

9. 炮五平七　车1平2　　　　10. 车九平八　……

如图2-20，红子力尽管未越河界，但已遥控整个棋面，黑有无子可走之感。

10. ……　　车2进3　　　　　11. 炮八退一　卒1进1

给右车活动余地，如改炮3平2、兵七进一、伏炮七平八打死车，黑只能炮2进5，则兵七进一、车2进2、车八进三、车2进1、马六退八，红兵渡河占优。

12. 相七进五　卒9进1

停着，无好棋可走，如改士6进5、兵三进一、卒7进1、车二平三、车8进2、马三进四，红攻势更盛。

13. 车二平四　　车8进3

14. 仕六进五　　士6进5

15. 兵七进一　　炮8平3

16. 炮八进二　　……

黑车的活动场地被红一压再压，红
准备挺三兵活马。

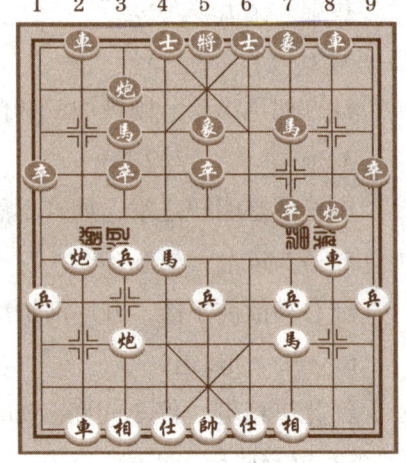

图2-20

16. ……　　　车8平7

17. 兵五进一　　炮3退1

18. 马三进五　　车7平8

19. 炮七进一　　炮3平1

20. 兵五进一　　卒5进1

21. 炮七平八　　车2平1

22. 前炮平五　　……

红利用兑兵赢得当头炮，投入兵力
准备又一轮攻击。

22. ……　　卒1进1

黑欲使边线贯通，最主要的是防止红方伸炮打车，宜改炮1平2、炮八
平七、炮2平3，防守稍固。

23. 炮八进三　　车8退1　　　24. 炮八进二　　卒1进1

25. 车四进四　　车8进1　　　26. 炮八退二　　车8进2

27. 马六进五　　马7进5　　　28. 炮五进二　　士5退6

29. 炮八平五　　马3进5　　　　30. 车八进八

黑必败无疑。黑最初的布局失调，被红方步步进逼，终棋倒人散。

二、布局分类

1. 马局类

马局例一

1. 炮二平五　马2进3　　　　2. 马二进三　车9进1

3. 车一平二　马8进9

黑方如急走车9平4横车过宫，红如兵七进一，再架七路炮进攻，黑方也须应付，处于后手。

4. 炮五进四　马3进5　　　　5. 炮八平五　炮8平5

6. 炮五进四　士4进5　　　　7. 马八进七　炮2进1

8. 炮五退二　卒3进1　　　　9. 车九平八　炮2平5

10. 相三进五　后炮进3

11. 兵五进一

红兵力现已活动自如，中兵可渡河作战，红方优势，布局阶段结束。

马局例二

1. 炮二平五　马2进3

2. 马二进三　马8进9

黑方为守中卒而进右马，再加以左马跳边就是"右单提马布局"。

3. 车一平二　炮8平6

4. 兵七进一　车9进1

5. 炮八平七　象3进5

6. 车二进七　士4进5

红方挺兵、平炮，黑方单马势危，待黑方飞象用炮保马后，红随即进车捉

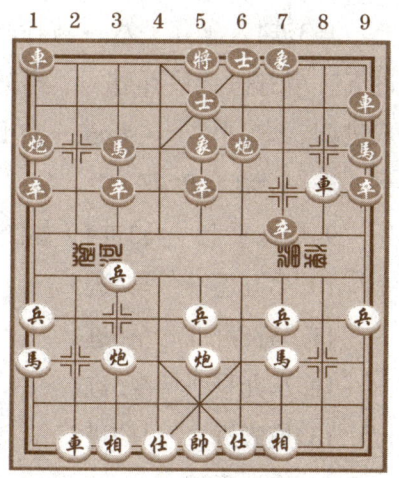

图2-21

炮，使黑方横车无法过宫，红进攻，应对精彩果断。

7.马八进九　卒7进1　　　　8.车九平八　炮2平1

9.车二退一

如图2-21，双边马、屏风马、反宫马、单提马均属马局类。

2.炮局类

炮局类包括很多种，有顺手炮、中炮、列手炮及中宫炮、龟背炮等。

炮局例一

1.炮二平五　马8进7　　　　2.马二进三　车9平8

3.兵七进一　炮8平9黑方以"三步虎"开局。黑方平炮亮车，红方就不能出直车封住黑方车炮。

4.马八进七　马2进3　　　　5.车一进一　象3进5

6.兵五进一　车8进4　　　　7.车一平六　……

也可改走马七进五或车一平四，另有不同变化。

7.……　卒3进1

8.马七进五　士4进5

如黑方改走炮2进2固守，则炮八平七、马3进4、车九平八、马4进5、马三进五、卒3进1、兵五进一、卒3平2、车八进四、炮2平3、兵五进一、士4进5、兵五进一、红有攻势。

9.炮八平七　马3进4（如图2-22）

10.兵五进一　马4进5

11.马三进五　卒5进1

12.车九平八　卒5进1

13.炮五进二　马7进5

14.炮七平五

红方先手。

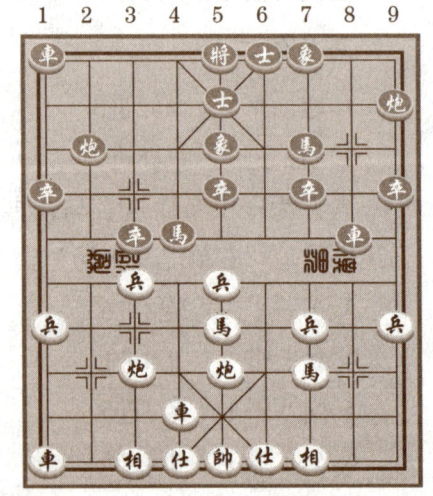

图2-22

炮局例二

1. 炮二平五　马2进3　　　　2. 马二进三　炮8平6

3. 车一平二　马8进7

黑方布局，在两个屏风马之间夹放一个士角炮，就称作"反宫马布局"，或称"夹炮屏风马布局"。

4. 兵七进一　卒7进1　　　　5. 车二进六　士4进5

如黑方误走马7进6、则车二平四、马6进7、炮八平七、下伏兵七进一巧过兵的威胁，黑方难应。

6. 炮八平七　象3进5　　　　7. 车二平三　车9进2

8. 马八进九　炮2进4

如图2-23形势是反宫马布局的一个陷阱：明着要走炮2平7打卒攻车攻相，目的是迷惑红方，而误走兵三进一，则炮2平4、伏打死车、车三平四、卒7进1，黑方占尽上风。

9. 兵五进一　车1平4

10. 车九平八　车4进6

11. 炮七进一　炮2退6

12. 炮五进四　炮2平4

红方趁机炮打中卒，黑方平地攻仕，兼消除被捉炮的后手，双方对攻。

3. 兵局类

兵卒类包括挺兵局（仙人指路）、对兵卒类、九尾龟（兵一进一、马二进一等布局着法）等。

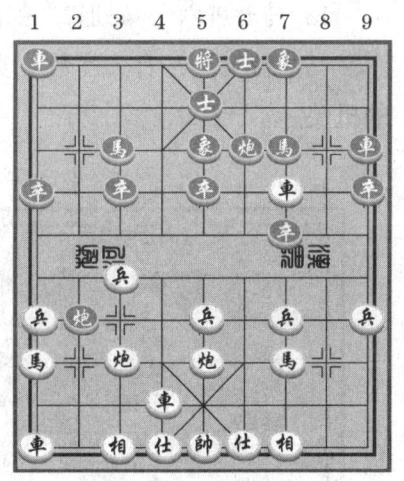

图2-23

兵局例一

1. 兵三进一　卒3进1　　　　2. 炮八平七　象7进5

红方炮八平七称为"卒底炮"，为控制黑方立即上马。

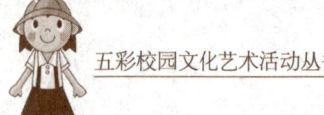

3. 马八进九　马2进3　　　4. 车九平八　马3进4

5. 马二进三　车1进1　　　6. 相三进五　车1平6

7. 仕四进五　车6进5　　　8. 车一平四　车6平7

9. 车八进四　炮2平4　　　10. 兵七进一　卒3进1

11. 车八平七　马8进7　　　12. 兵九进一　炮8平9

红皆在争取主动。如图2-24。

兵局例二

1. 兵三进一　卒3进1　　　2. 马二进三　马2进3

3. 炮八平五　马8进7　　　4. 马八进七　车1平2

5. 车九平八　象3进5　　　6. 炮二进二　车9进1

7. 兵七进一　卒3进1　　　8. 炮二平七　炮8进2

9. 炮七进二　车9平4　　　10. 车八进四　炮2平1

11. 车八平七　车2进4　　　12. 车一平二　炮8平3

13. 马七进六　马3退2。如图2-25。

马归位突然，有失度数，实质是"后中先"着法，于对攻中巧设困炮的机关。

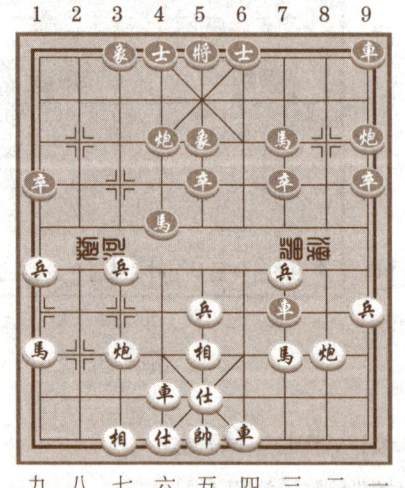

图2-24

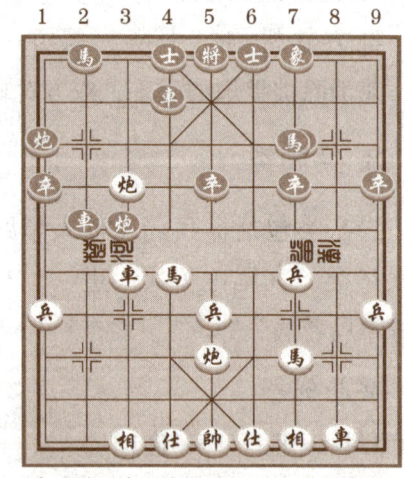

图2-25

14. 车二进六　炮1平3　　　15. 车二平三　马2进1

16. 车七平九　前炮进1　　　17. 马六进五　车4进2

黑方必得一子。

4. 象局类

象局类有飞相局、转角马（马二进四、相三进五、马四进六，三着开局）等之分。

例

1. 相三进五　炮8平5　　　2. 马二进三　马8进7

3. 马八进七　车9平8　　　4. 车一平二　车8进6

5. 兵三进一　……

如改走兵七进一，则车8平7、马七进六、卒7进1、炮二进四、炮5进4、仕四进五、炮5退1、炮二平三、车7平4、炮三进三、士6进5、炮三平一、车4退1、炮八进二、车4平3、炮八平五、车3平5、车二进九、马7退6、车二退五、抽车，红胜势。

5. ……　　　车8平7

6. 车二平三　炮2平3

7. 兵七进一　车7平8

8. 车三平二　卒3进1

9. 马七进六　卒3进1

红宜走马七进八，这样黑直车便不可出，红便有机会。

10. 相五进七　马2进1

11. 相七退五　车1平2

12. 炮八平七　……

如图2-26。由于开局阶段红方未能及时有效地封锁住黑车，奔到中局时，表面上红炮瞄射黑象，好像占优，但黑方已

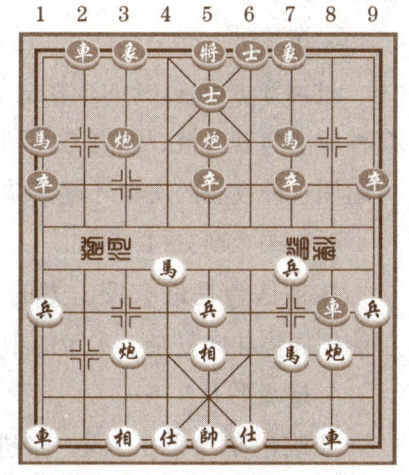

图2-26

63

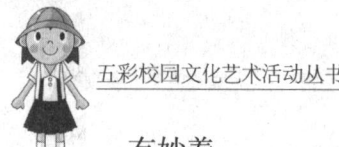

有妙着：

12.……　　　　马1进3　　　　13.炮七进五　马3进4

黑方弃马抢攻，取得主动。以下红如走炮七平三，则马4进2、帅五进一、炮5平2、炮二退一、马2退4，黑有多种攻势。又如红走车九进一，则马7退5，炮七退四打车，炮5进4、马三进五、车8平5、黑方优势。

黑方所采取的一系列着法，都十分得力、及时，赢得了主动权。

三、布局技法

1. 顺手炮

红方的旧式攻法

1.炮二平五　炮8平5　　　　2.马二进三　马8进7

3.车一平二　车9进1

如图2-27。至此成"顺手炮直车对横车"的基本局形。红方的旧式攻法如下：

4.车二进六　……

过河车是最古老的攻法，但现在有多种应法与其对抗，使红方无利可占，红方运用这种攻法的次数才逐渐减少。

4.……　卒3进1

这被认为是最有反击力的着法，往往能把局势导向复杂、尖锐的中局。

5.炮八平七　……

如改走车二平三，则马2进3、马八进九（如车三进一，则炮5进4，红失车不

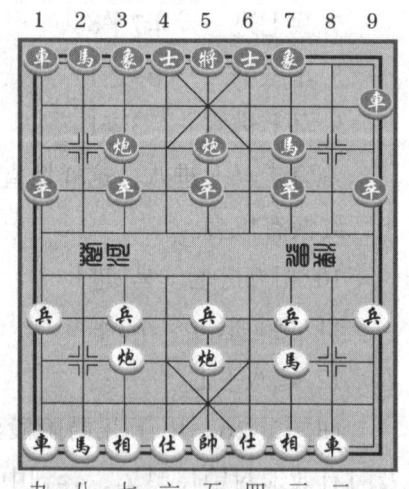

图2-27

64

利。）车9平4、仕四进五，以下黑有两种走法，均可满意。

（1）马3进4、兵三进一、车4平6，此着看似失先，但封住红方帅门后，有马4进6兑马的手段，对攻激烈。

（2）炮5退1、兵三进一、炮5平7、车三平四、马3进4、车四退三、车1进1，形成互缠局势。

5. ……　　马2进3

6. 兵七进一　马3进4

7. 兵七进一　马4进5

改走马4进6也可。以下兵三进一、车9平6（马6进4、车九进一、马4退3也可）仕六进五、车1平2、马八进九、马6进7、炮七平三、车6进3，也成双方对攻。

8. 车二平三　马5退3

如改走马5退6，以后再炮2退1或车9平4，均成双方对攻。

9. 车九进一　车9平4

至此，红方有一个过河兵，子力也基本出动了，但阵形有缺陷，有被黑方深入的可能。如黑马3退5后再进4或进6；黑车深入兵行线等。总之，黑方斗顺炮的原有打算是实现了。

红方进三兵里马的攻法

1. 炮二平五　炮8平5

2. 马二进三　马8进7

3. 车一平二　车9进1

4. 马八进七　……

顺手炮是中心地区的争夺战，进里马投入这一战斗，自然会起积极作用。

4. ……　车9平4　　5. 兵三进一　……

如图2-28，黑方有许多走法，为动车、动卒、动马。如下：

5. ……　车4进4

另有车4进3的走法，属稳妥打法，红方较易控制局势；再有车4进5的走法，则马三进四、车4退1、马四进五，红方先手。

6. 仕六进五　车4平7

7. 马三进二　马2进3

8. 炮五平四　炮2平1

9. 相七进五　车7退1

10. 炮八进二　车1平2

11. 炮八平三　马3退5

12. 车九平六　车7平8

13. 车六进八　车2进4

14. 炮三平七　车2平3

15. 炮四进三

黑方局势堪忧，红占优。

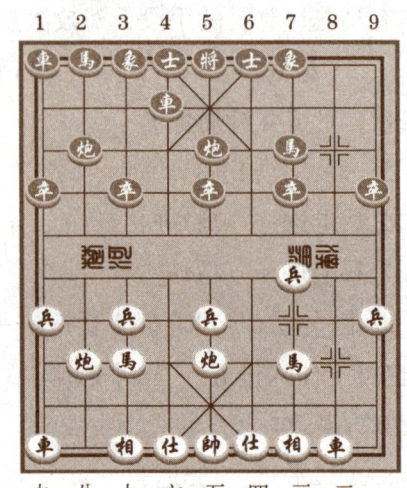

图2-28

顺炮横车对直车

1. 炮二平五　炮8平5　　　2. 车一进一　马8进7

3. 车一平六　车9平8　　　4. 马二进三　士6进5

5. 车六进七　马2进1　　　6. 兵九进一　车8进6

7. 马八进九　车8平7

8. 车九进一　炮2进2

9. 车六退三　……

退车捉炮，诱炮攻相，策划陷炮得子。

9. ……　　　炮2平3

既然红方以底相为诱饵，引黑方孤炮深入，黑方应有警觉。现黑方平炮攻相，违背了用兵之道，必遭不测。

10. 炮八进五　……

奕战至此，黑方走法。如图2-29。

10. ……　　　炮3进5

11. 仕六进五　炮5进4

若改走车7进1、炮八平三、车7平8炮五进四，红方大占优势。

12. 马三进五　车7平5

13. 车九退一　车1平2

若改走炮3退2，则车九平七、炮3平2、车七平八、炮2平3、马九进八，红优。

14. 炮八退二　炮3退2

15. 车九平七　炮3平2

16. 车七平八　炮2平3

17. 车六退四

黑炮自打相叫将后，即陷入包围圈，下着红方走车六平七，必得黑炮。

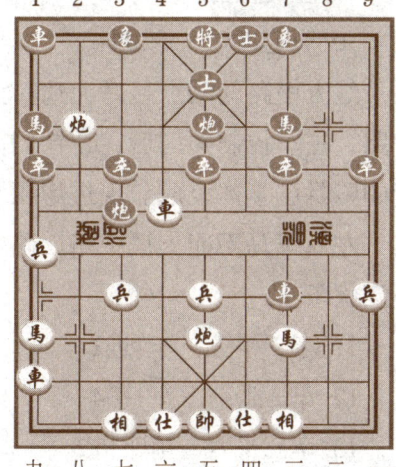

图2-29

顺炮直车对横车

1. 炮二平五　炮8平5

2. 马二进三　马8进7

3. 车一平二　车9进1

4. 车二进六　卒3进1

5. 炮八平七　马2进3

6. 兵七进一　马3进4

黑方弃卒跃马，犹如天马行空。

7. 兵七进一　马4进5

黑方认为此时红方虽有一兵渡河，但左翼子力不够灵脚并且中路防线薄弱。针对红方的弱点，黑方可以马踏中兵，从中路突破，以利于迅速发挥中炮和横车的威力，进行反击。

8. 马三进五　炮5进4

67

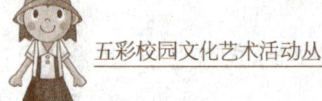

弈战至此，红方走法，如图2-30：

9. 仕六进五　车9平4

10. 炮七进二　炮2进6

红方中路的弱点显露无遗，黑方镇中路，黑车控制帅门后，"铁门闩"杀着的陷阱已基本设成。现进炮压马，使红方左翼车马不能支援中路，陷入半身瘫痪状态。

11. 车二平三　车1进2

12. 车三退一　车1平4

13. 车三平六　前车进2

14. 兵七平六　车4进3

15. 兵九进一　车4进2

16. 车九进一　士4进5　　17. 车九平八　将5平4

黑胜。

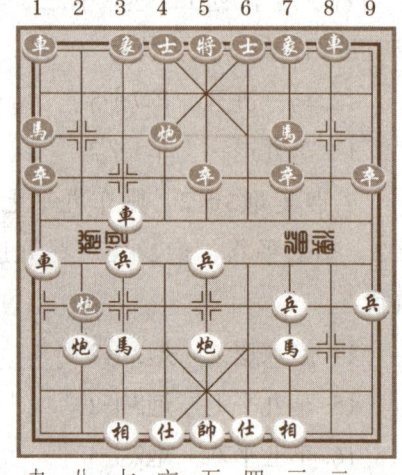

图2-30

2. 列手炮

弃象陷车

1. 炮二平五　炮2平5

2. 马二进三　马2进3

3. 车一平二　马8进7

4. 车二进六　车1进1

5. 车二平三　马7退8

如图2-31，黑方弃象，目的在于陷车。

6. 车三进三　炮5平7

7. 炮八进二　象3进5

8. 炮八平二　炮7进4

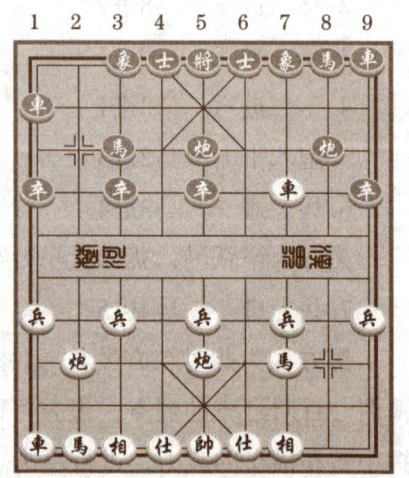

图2-31

9. 炮三平一　炮7进3　　　　10. 仕四进五　炮8平9

11. 炮一进三　象5退7

黑方陷车成功，得利。第六个回合红方贪吃一象，致车入围，结果失利。此着应改走马八进九可稳操先手。

送兵得子

1. 炮二平五　马8进7　　　　2. 马二进三　车9平8

3. 车一平二　炮8进4　　　　4. 兵三进一　炮2平5

5. 马八进七　车1进1　　　　6. 车九平八　车1平8

7. 马三进四　……

如图2-32，诱车捉马，取得主动之势。

7. ……　　　前车平6

8. 炮八进五　……

伸炮打马，是一步以捉还捉的好棋。

8. ……　　　车6进4

9. 炮八平三　马2进1

10. 车八进八　车6退3

11. 炮三平五　象7进5

12. 炮五进四　士6进5

13. 仕六进五　车6进1

14. 炮五退二　车6进3

15. 车八平六　车8进4

16. 帅五平六　车8平5

17. 兵三进一　……

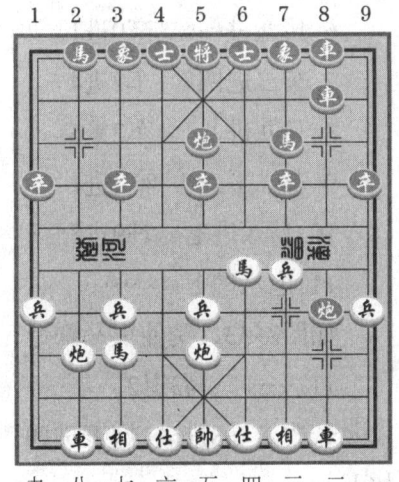

图2-32

这步棋巧在兵切断了8路炮与车之间的联系，送兵得子成功。

17. ……　　　卒7进1

18. 炮五平六　……

此棋可谓一举两得，一举进炮轰士，一举退炮打车得子。

18. …… 　车6平5

可改走炮8平5、炮六进五，黑方难以应付。

19. 马七进五

黑方第七回合车8平6捉马，被红方炮八进五以捉还捉取势。应改走炮8进1打马较为好些。如炮8进1、马四进五、炮8平3、车二进八、车8进1、马五进三、马2进3，黑或可支撑。

献炮弃车

1. 炮二平五　　炮2平5
2. 马二进三　　马8进9
3. 车一平二　　车9平8
4. 马八进九　　马2进3
5. 车九平八　　车1平2
6. 兵九进一　　卒9进1
7. 车二进四　　车2进4
8. 马九进八　　车2平6
9. 车二平六　　卒3进1
10. 马八进七　　马9进8
11. 炮八进七　　……

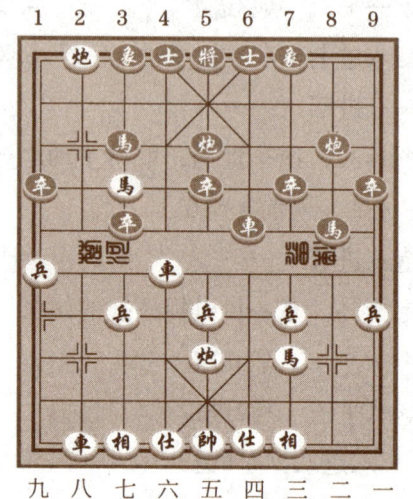

图2-33

如图2-33，诱使黑马踩炮，目的是弃车入局。

11. …… 　马3退2

若改走马8进6、炮五进四、士6进5、车八进八。以下黑方方法，演变如下：

马6进7、车八平五、将5平6、车五进一、将6进1、车六进四、炮5退1、仕六进五、马3退2、马七进五、马2进3、炮五进二车6退2、马五退六、士4进5、马六进七，红方胜势。

3. 当头炮

当头炮对反宫马

反宫马也叫"夹炮屏风"、"半壁河山"，以前运用得不多，皆是因为只有一马保护中卒。但随着棋艺的日益提高，它的运用也渐渐多了起来，大有超越"屏风马"后来居上的趋势。它的基本形势如图2-34，是经过以下着法形成的：

1. 炮二平五　马2进3　　　　　2. 马二进三　炮8平6

3. 车一平二　马8进7

这里红方可方案，如下：

兵七进一、卒7进1、车二进六、车9进2（不能走马7进6，因红方接走兵七进一、卒3进1、炮八平七、象3进5、车二平四捉双得子），炮八进四、象3进5、马八进七、士4进5、炮八平五、马3进5、炮五进四、车9平8，黑方布局成功。

当头炮对屏风马

1. 炮二平五　马8进7　　　　　2. 马二进三　马2进3

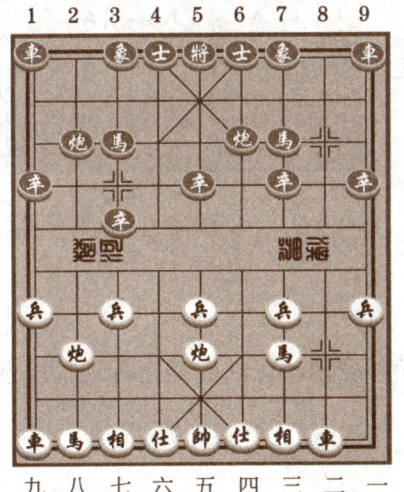

图2-34

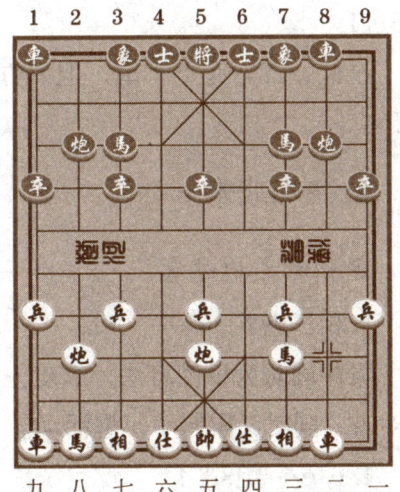

图2-35

3. 车一平二　车9平8

如图2-35的形势，是当头炮对屏风马（因为两个正马保中卒，形如屏风，所以叫"屏风马"）最初几步的正规形势。现在红方方法如下：

兵三进一、卒3进1、马八进九、卒1进1（也可象3进5或象7进5）、炮八平七、马3进2，成五七炮对屏风马阵式。红的设想是使对方中防较弱，以后车九进一、马三进四、车二进六等向黑进攻；黑则暂时封住红的左车，双方各有所得。

当头炮对单提马

"单提马"布局就是一马护中卒而一马居边，它有一个很大的好处，那就是各子能互相照应。它的着法是：

1. 炮二平五　马2进3

2. 马二进三　马8进9

3. 车一平二　车9进1

图2-36，它有下列变化：

兵七进一、车9平4、兵七进一、卒3进1、炮八平七、车4进1、炮五进四、卒3进1。

至此，红方有空头炮，但黑方也无大碍。

4. 飞相战术

飞相对左炮过宫

1. 相三进五　……

飞相固防为稳健着法，欲攻先守，以静制动，缺点是把阵地情况暴露给对方，同时又限制了车炮活动。

1. ……　炮8平4

从实战情况看，左炮过宫集中兵力于一翼，进行反击或破坏对方

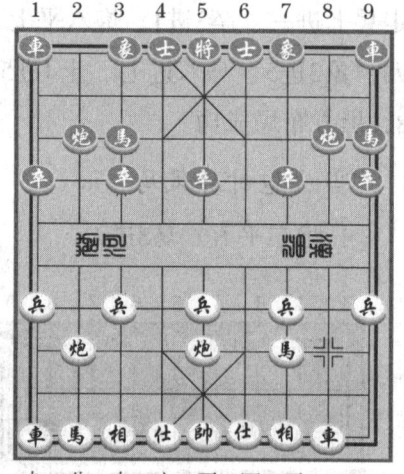

图2-36

部署。

2.马二进三　……

这一路着法很是流行：兵七进一、马8进7、马八进七、车9平8、马七进六，以下黑方有车8进4或炮4进2，各具攻守变化。

2.……　马8进7

3.车一平二　卒7进1

挺卒是改进着法。早期曾走车9平8、炮二进四、卒7进1、炮二平三，红方先手。

如图2-37形势：黑方挺卒制马。红方有3种着法：兵七进一、炮二平一、炮二平一。现分述如下：

4.兵七进一　炮2平3

以往均走车9平8、马八进七、马2进1、车九进一、象3进5、车九平六，红方先手。现在平炮卒底暂禁红方马八进七，步法新奇。

5.炮二进二　车9进1

6.马八进七　……

红倚仕有巡河炮掩护，断然出击。

6.……　卒3进1

7.马七进六　……

红方快马出击，不怕黑方炮打底仕。以下如接走炮4进7、帅五平六、车9平4、帅六平五、车4进4、兵七进一，尽管丢掉一士，但一兵过河，相比之下，不算吃亏。

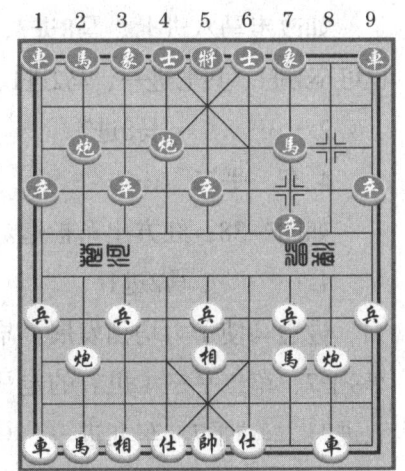

图2-37

7.……　车9平2

8.车九进二　……

如改走炮八进七、车1平2、兵七进一、炮4进7、帅五平六前车平4、帅六平五、车4进4，黑方子力灵活，红方后防力薄，相当难走。

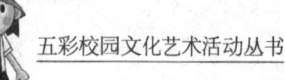

8. ……　　　车2进3　　　　　9. 炮八平六　　炮4进5

10. 车九平六　　象3进5　　　　11. 仕四进五　　车1进1

抢出横车，控制要道，全局皆活，妙着。

12. 兵七进一　　车2平3　　　　13. 车二平四　　车1平8

14. 车四进四　　炮3退2　　　　15. 兵三进一　　马2进3

黑方优。

飞相对左中炮

1. 相三进五　　炮8平5

用左中炮反击飞相局是常见局型。它可以抑制相的威力，也有架右中炮的，但很罕见。

2. 马二进三　　……

如改走马八进七、马8进7、炮二平四、车9平8、马二进三、卒7进1，也可卒3进1、兵七进一、马2进1、仕四进五，形成先手反宫马对中炮局。

2. ……　　　马8进7　　　　　3. 兵三进一　　车9平8

4. 车一平二　　……

如图2-38：红方出车护炮。黑方做法：马2进1；炮2平4。

4. ……　　　马2进1

进边马使子力均衡发展。早期着法是急进左车：车8进6、马八进七、车8平7、车二平三（也有的走马七退五、炮5进4、马三进五、车7平5、马五进三、车5平7、车九进一、马2进1、兵七进一，红方子力开场占优）马2进3、兵七进一、车7平8、炮二平一、卒5进1、兵三进一、卒7进1、马三进四，弃兵跃马，红方企图夺势。

5. 马八进七　　炮2平4

6. 车九平八　　车1平2

7. 仕四进五　　……

补仕固防，然后才能考虑进左右炮的问题。如贸然进左炮走炮八进四，则炮4进5串打。

7. ……　　车2进4

8. 炮八平九　　车2平4

如改走车2进5、马七退八、车8进4、炮二平一、车8平2、马八进七、卒1进1、车二平四，以下有二种着法：若走炮5退1，则兵七进一、炮5平3、马七进六、卒7进1兵三进一、车2平7、马三进二、卒3进1、炮九进三、卒3进1、马二进四、马1进2、马六退四、车7进3、后马进二、车7进1、相七进九、马7进6、马二进四、卒3平4、炮一进四，红方先手；若走卒7进1，则车四进四、炮5退

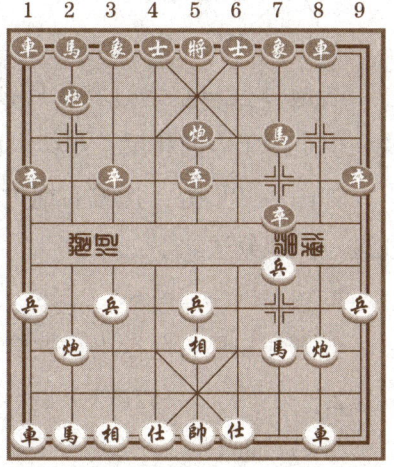

图2-38

2、兵七进一、象7进5、车四平六、炮4平3、车六进三、炮5平6、兵三进一、车2平7、马三进四、士6进5、车六退二、车7进2、车六平九、炮3进3、马四进二、马7进8、车九平二、炮3进1，黑方稍好。

9. 炮二进一　　……

高炮避免黑方车8进6，如改走车八进四、车8进6、炮二平一、车8平7、车二进二、车7平9，黑势不弱。

9. ……　　士6进5

补士以静制动。如改走卒1进1、车八进四、象7进9、车八平四、士6进5、兵七进一、卒7进1、兵三进一、车4平7、马七进六，红方先手。

10. 车八进四　卒1进1　　　　11. 车八平四　炮5平6

12. 兵七进一　象7进5　　　　13. 炮二平三　车8进9

14. 马三退二　炮6退2　　　　15. 车四进四

为防黑上士攻车，红进车。

15. ……卒3进1　　　　　　16. 车四退四　卒3进1

17. 车四平七　马1进2，均势。

飞相对右炮过宫

1. 相三进五　炮2平6

右炮过宫与左炮过宫都属欲攻先守，以静制动，寻机出击的布局方式，但是由于方向相反，规律也就截然不同。

如图2-39形势：黑方右炮过宫。红方着法：兵七进一、马八进七、车九进一。现分述如下：

2. 兵七进一　……

红方预知黑右马欲出，先挺兵制马，并预先通活马路，针对性较强。

2. ……　　　马2进3

3. 马八进七　……

也有的走炮八平六、马8进7、车九进一、车1平2、马八进七、车2进6、车九平四、士6进5、车四进五、车2平3、炮六退一、炮6平4、炮六平七、车3平4、炮七平三、象7进5，均有攻有守。

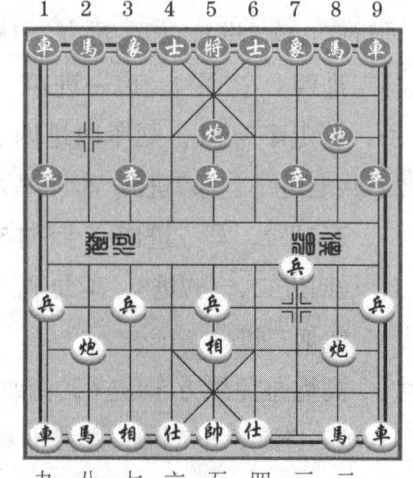

图2-39

3. ……　　车1平2

4. 马七进六　车2进6

5. 马二进四　车2退2

进而复退，看似失先，其实有逼跳穿宫马、造成红方局面欠佳的作用。

6. 马六进七　马8进7　　7. 车九进一　象7进5

8. 炮八平七　卒7进1　　9. 车一平三　……

红方先后两步动车，前可攻，后可守，为两步妙棋。

9. ……　士6进5　　10. 马四进六　车2平4

宜改走炮8进4，大致有两种变化：若兵三进一，则卒7进1、车三进四、马7进6，黑方反先；若兵五进一，则马7进6，黑方有活动自如之感。

11. 仕六进五　炮8平9　　　　12. 车九平八　车9平8

13. 炮二平四　车8进5　　14. 兵五进一　车4进2

15. 炮七退一　车4平3　　16. 马七退八　马3进4

17. 马八退九　车3平6　　18. 炮三进五　士5进6

19. 兵七进一　马4退6　　20. 车八进三　士6退5

21. 兵九进一

红优。

飞相对金钩炮

1. 相三进五　……

如图2-40形势：黑方着法：炮8平3、炮2平7。

1. ……　炮8平3

金钩炮对付飞相局，目的是遥控红方七路相位一线。

2. 车一进一　……

另有两种着法：若兵七进一，则马8进7、马八进七、车9平8、马七进六，红方先手；若马八进九，则马8进7、炮八平六、马2进1、兵九进一、车9平8、车九平八、车1平2、车八进四、车8进4，红方先手。

2. ……　马8进7

3. 车一平六　炮3平6

4. 马八进九　车9平8

5. 炮八平七　炮2平5

6. 车九平八　马2进1

黑炮移位后进边马是对的。如改走马2进3，则车八进六，黑方右侧则显空虚。

7. 仕六进五　炮5进4

8. 车六进三　车8进4

9. 兵九进一　……

如改走兵一进一，则卒1进1、马二进一、马1进2、车六平二、车8平4、车八进

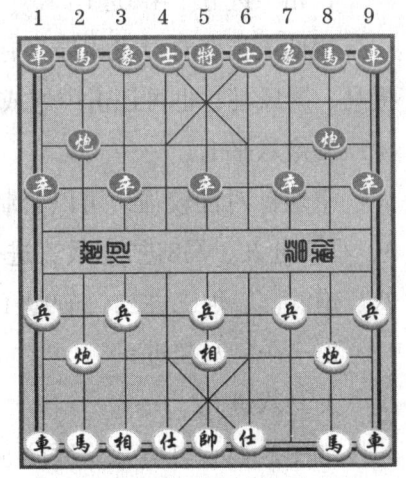

图2-40

四、炮6平2，黑方易走。

9. ……　　　　炮5平9

10. 车六平一　炮6退1

11. 车一平四　……

黑方退炮伏打死车，红车无力吃炮。红车及时捉炮，属原计划中的着法。

11. ……　　　炮6平9　　　　12. 马二进一　卒9进1

宜改走马1退3，这样可视需要接走马3进5或车1进2，黑方均可保持多卒之势。

13. 车四进二　象3进5　　　　14. 车四平三　马7进9

15. 车三平五　卒9进1　　　　16. 车八进四　士4进5

17. 车五平四　车1平2　　　　18. 车八平五　车8进1

19. 车五进一　车2进8　　　　20. 车四进二　马9退8

21. 车四退二

红车虽进而复退，并不损其实力。

飞相对仙人指路

1. 相三进五　卒3进1

用仙人指路对付飞相局，有探虚实，再相机而动之意。可以演变成单提马、屏风马，也可还击中炮或过宫炮等。

2. 炮八平七　……

平炮针对性较强，可以禁制黑方跳右正马。如改走马二进三、马2进3、马八进九、马8进7、兵三进一、卒1进1、炮八平六、车1平2、车九平八、炮2进5、炮二进二、车9进1，双方均有攻有守。

2. ……　　　马二进1

3. 马八进九　……

如图2-41，红方双炮联防、左马屯边，将出左车。黑方着法：炮8平5、车1平2。

3. ……　　　炮8平5

4. 车九平八　车1平2

5. 车八进四　炮2平3

6. 车八平四　……

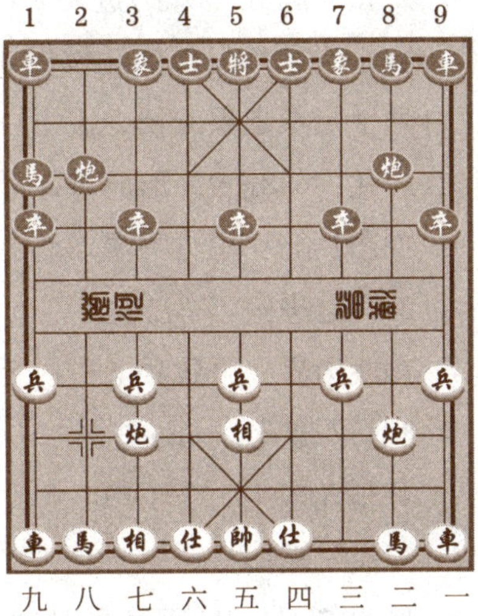

也可兑车走车八进五、马1退2、马二进三，这也属一种稳健阵式。

6. ……　　马8进7

如改走炮5进4、仕四进五、炮5平1，黑方虽接连吃掉对方两兵，但也抑制了己方主力出击，可谓有失有得。

7. 兵九进一　车9平8

8. 仕四进五　士4进5

9. 兵一进一　车2进3

10. 马二进一　车8进4

11. 炮二平三　……

图2-41

双方行兵布阵各自备战。平炮瞄住底象，伏有打车攻象双关棋着。如迳自走马一进二攻车，则车8平4、炮二平三、卒7进1，红方一时发展受阻。

11. ……　卒5进1　　　12. 车一平二　车8进5

13. 马一退二　炮5进4　　14. 马二进四　炮5退1

退炮不宜，不如改走车2平5，先弃后取，比较有力。

15. 兵三进一　象7进5　　16. 炮三进一　炮3平4

17. 炮三平五　炮4进3　　18. 车四进一　炮5进2

黑宜改走车2平5，红方如接走马四进三，则卒7进1、车四退五、卒7进1、相五进三、车5平7、相七进五、车7进1，较原着法好。

19. 相七进五　卒5进1　　　20. 炮五平二

红优。

79

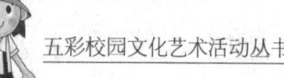

飞相对飞象

1. 相三进五　　象7进5

顺手飞象，为常规对付相局法。双方战略都有以柔制柔之意。此外，也可列手飞象走象3进5，以下：兵三进一、卒3进1、马二进三、马2进3、马八进九、马8进9，形成对称形的单提马阵式。

如图2-42：黑方飞象。红方着法：兵七进一、兵三进一。

2. 兵七进一　　马2进1

马跳边界，可致兵七进一无功。

3. 马八进七　　车1进1

4. 车九进一　　车1平6

5. 兵三进一　……

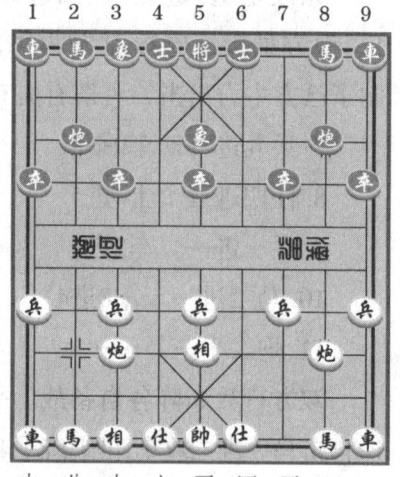

图2-42

挺兵制马，兼通己方马路。也可走马二进三、卒7进1、炮二平一、马8进7、车一平二、车9平8、车二进六、炮8平9、车二进三、马7退8、车九平二、马8进7、车二进三、炮9退1、兵三进一、卒7进1、车二平三、卒1进1、马三进四、炮2进4、炮一平四、车6平2、马七进六，红方优势。

5. ……　　马8进7

可改走车6进3巡河。红方如接走马七进六，则车6平4、炮二进二、炮2平4、炮八平六、车4平2，黑方前景乐观。

6. 马二进三　　车9平7

7. 炮二退二　……

退炮准备平向相位线进攻，为一着针对性强的妙棋。

7. ……　　炮8平9

8. 炮二平三　　车7平8　　9. 车一进一　　车8进4

10. 车一平二 ……

不如车九平四兑车。黑方如接走车6进7，则车一平四可以掩护左马出击；又如接走车8平6，则帅五进一，兑尽双车后，红方子力顿活，局面开阔。

10. ……	车8进4	11. 车九平二	车6进3
12. 仕四进五	卒1进1	13. 车二进五	卒3进1
14. 兵七进一	车6平3	15. 马七进六	车3平4
16. 马六退七	炮2平3	17. 马七进八	车4进1
18. 马八进九	炮3平4	19. 炮八平六	车4平2
20. 马九进七	马1进3	21. 车二平三	车2退3

捉死马。红方虽可先奔后取，但战后大体均势：马三进四、车2平3、马四进六、马3进5、马六进七、马5退7、炮三进六、炮9进4。

5. 起马战术

起马对中炮

1. 马二进三 炮8平5

黑方以后手中炮对付起马局，其威力要稍逊先手中炮的攻击力度。

2. 车一平二 马8进7

3. 炮二平一 车9进1

4. 马八进七 车9平4

5. 兵七进一 马2进1

6. 车二进四 车4进5

7. 相七进五 炮2平3

8. 马七进六 车1平2

9. 炮八平七 卒7进1

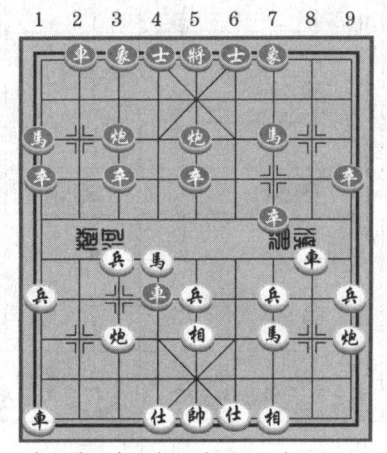

图2-43

如图2-43，局面与先屏风马对中炮格局不完全一样，由于双方先后手颠倒，所以屏风马方面阵容严整，已准备好作战。

81

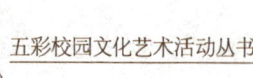
以下红方可走仕六进五或兵九进一进入中局战斗。

起马对挺卒

1. 马二进三　　车7进1

黑方挺卒制马是后手应付起马局的常用手法。

2. 兵七进一　　马8进7　　　　　3. 马八进七　　象3进5

4. 马七进六　　马2进4　　　　　5. 炮八平六　　车9进1

6. 车九平八　　车1平2　　　　　7. 相三进五

双方布局宣告结束，呈均衡态势，接下来进入中局的较量。

6. 挺兵卒战术

进兵转中炮对卒底炮飞右象

1. 兵七进一　　炮2平3

平炮意在冲卒攻相，还可红马跃出阻止，是后手方的积极应着，俗称小当头炮，又称卒底炮。

2. 炮二平五　　象3进5

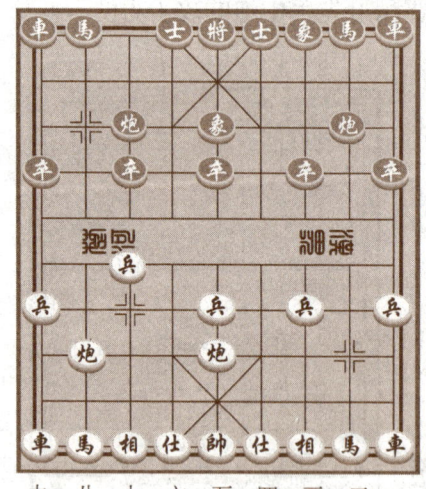

图2-44

以上为仙人指路转中炮对车底炮飞右象阵式。如不飞象而走马8进7、马二进三、车9平8、马八进七、炮8平9，成为后手三步虎布阵。

如图2-44：黑方双炮联防，飞象巩固中线。红方着法：马八进九、马二进三、炮五进四。

3. 马八进九　　……

跳边马使子力平衡发展，着法稳健。

3. ……　　　　马8进7

4. 马二进三　　车9平8

5. 兵三进一　……

挺兵形成两头蛇布阵，目的是避免黑方进7路车。黑方上一手车9平8，也可走卒7进1、车一平二、车9平8、车二进四、炮8平9，黑方可以抗衡。

5. ……　　　炮8平9　　　　6. 车九平八　车8进4

7. 车一平二　车8进5

如改走车8平4，则马三进四　车4平6　炮八进二　马2进4　车二进八，红方先手。

8. 马三退二　炮9进4

如改走马2进4、马二进三、卒7进1、兵三进一、象5进7、马三进四、车1进2、马四进六、马7进6、炮八平六、炮3平7，弃子抢先。

9. 炮五平三　马2进4　　　　10. 炮三进四　车1平2

11. 炮八进四　士6进5　　　　12. 马二进三　炮9平1

13. 相三进五　车2平3　　　　14. 车八进五　……

着法有力，掌握主动。如改走车八进三，则炮3平1、车八平六、马4进2，然后走卒3进1，通出底车。

14. ……　　　炮1退2　　　　　　15. 马三进四　卒3进1

16. 兵七进一　炮1平3　　　　17. 兵三进一　卒5进1

18. 马四进六　后炮平1　　　　19. 炮八平四　车3平2

20. 马九进七　车2进4　　　　21. 马七进八　炮1平4

22. 炮三平九

红优。

进兵转中炮对卒底炮还顺手炮

1. 兵七进一　炮2平3　　　2. 炮二平五　炮8平5

用顺手炮迎击仙人指路转中炮局，是常用的一种战术。

3. 马二进三　马2进1

另有两种着法：若卒3进1，则车一平二、卒3进1、马八进九、马8进7、车二进四、卒3进1、车二平八、马2进1、车八平七、卒3平2、炮八平

六、炮3进1、车七平八、车1进1、炮六进五，红方先手；若马8进7，则车一平二、车9进1、马八进七、车9平4、车九平八、马2进1、车二进五、车1平2、炮八进四，红优。现在先跳边马，争取尽快出动子力，走法已有了较大改观。

4. 车一平二　车1平2　　　　5. 马八进七　卒3进1

如改走车2进6，则车九进二、车2平3、炮八退一、炮3进2、炮八平七，黑方吃亏。

如图2-45：黑方挺卒攻马。红方有应变之策：车二进四、车二进五。现分述如下：

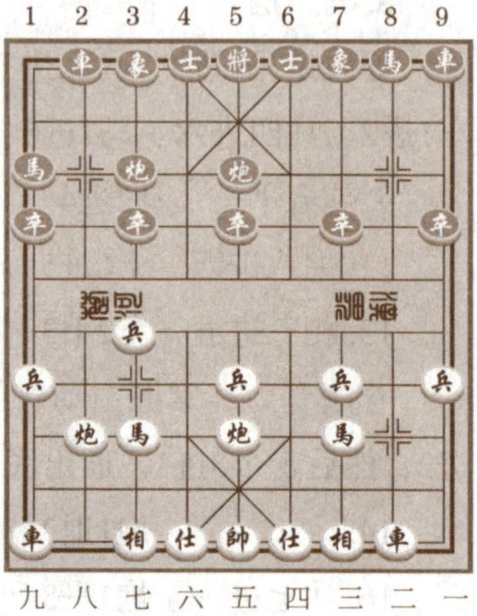

6. 车二进四　马8进7

7. 车九平八　……

如改走马三退五、车9进1、兵七进一、车2进6、车九平八、车9平6、马七进六、车2退1，黑方占优势。

图2-45

7. ……　　　车9平8

8. 车二进五　……

如改走车二平四，则车2进6、炮八平九、车2平3、车八进二、卒3进1，黑方反先。

8. ……　　　马7退8　　　　9. 马七进六　车2进5

10. 炮五进四　士4进5　　　11. 相七进五　卒3进1

12. 炮五退二　车2退2

如改走马8进7、马六进五、车2退3、马五进七、车2平3、炮五平三，各有所得。

13. 炮五平七　炮3平2　　　14. 马六退七　……

退马反击，可确保车炮的安全。

14. ……　　　炮2进5　　　15. 炮七平八　马8进7

16. 车八进二　马1进3　　　17. 车八退二　卒7进1

双方力势。

进兵转中炮对卒底炮列手炮

1. 兵七进一　炮2平3　　　　　2. 炮八平五　炮8平5

还架中炮，形成列炮局，对攻抢杀，互不相让。

3. 马二进三　马8进7　　　　　4. 车一平二　卒3进1

如改走车9平8，则炮二进四、士4进5、马八进七、马2进1、车九平八、车1进1、马七进六、车1平4、车二进四、卒1进1车八进四、卒5进1、马六进四、车4进3、兵三进一、马1进2、炮二退一，互抢先手。

5. 马八进九　卒3进1　　　　　6. 炮二进四

如图2-46：红方伸炮欲灭中卒。黑方着法：炮3退1、炮3进2。

6.……　炮3退1

炮退有理，可跃马护卒。如改走卒7进1、炮二平三，然后车二进四，红优。

7. 车九平八　马2进3

8. 仕六进五　……

如改走兵三进一、车9进1、车二进五、车9平4、仕六进五、车1进2、车二平四、马3进4、车八进五、车1平4、炮二平五、马7进5、炮五进四、炮5进4、相七进五、炮5退1、马三进五、马4进5、炮五退三、象7进5、车四平五、卒3平4、马九进七、后车平6，伏打车，势力均衡。

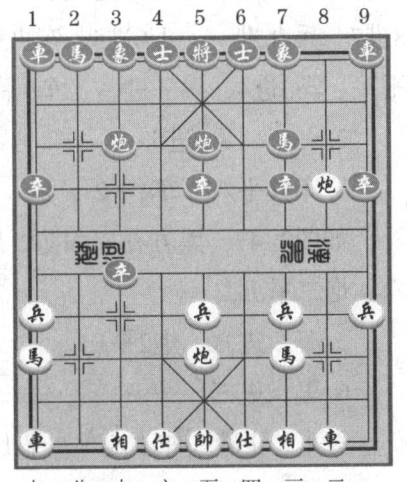

图2-46

8.……　炮3平8　　　　　　　9. 炮二平五　马7进5

10. 车二进八　马5进6

黑与红交换一炮后，取得了进马逐马的先手。

11. 炮五进五　象7进5　　　　　12. 车二退六　卒3平4

13. 车八进四　马6退5　　　　14. 兵五进一　马3进4

15. 车八进一　马4进6　　　　16. 车八退一　卒4平5

退车准备待卒4平5后，再平中路捉死黑车。

17. 车八平五　车1平2

进兵对挺卒

1. 兵三进一　卒3进1

双方挺兵称对兵局，对兵局变化繁杂，可以演变成不同的布局，其规律也不易掌握。

2. 炮八平七　……

形似兵底炮，但多挺了一步三路兵。也可走：马二进三、马2进3、相三进五、象7进5、马八进九、车1进1、车九进一、车1平6、车一进一、马8进7、兵九进一、士6进5、车九平四、车6退1、炮八平六、炮8进2、炮二平一、马3进4、兵一进一、车9平8、车四进八，红方先手。

2. ……　象3进5　　　　　　3. 马八进九　马2进3

4. 车九平八　车1平2

如图2-47：黑方补象固防，跃马出车，阵容严整。红方着法：车八进六、炮二平五。

5. 车八进六　炮2平1

6. 车八进三　……

兑车，正着。如改走车八平七、炮1退1，单以左侧形势论，红方不占优。

6. ……　　　　马3退2

7. 炮二平五　马2进3

如改走马8进7、车一进一、马2进3、兵六进一、马3进4兵七进一、象5进3、马二进三，红方优势。

8. 马二进三　马8进9

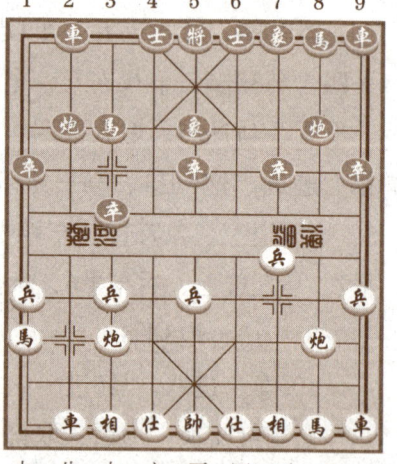

图2-47

9. 车一进一　车9平8

10. 车一平八　炮8平7　　　11. 车八进六　炮1进4

12. 兵七进一　车8进4　　　13. 车八退四　炮1退2

如改走炮1退1、兵七进一、车8平3、车八平七、车3进2马九进七，然后炮七进五、炮7平3、炮五进四，红占优。

14. 兵七进一　车8平3　　　15. 马九进七　车3平6

16. 炮七进五　……

兑马后可得中车实利。

16. ……　　　炮7平3　　　17. 炮五进四　士6进5

18. 相三进五　车6平3　　　19. 马七进五　车3退1

20. 炮五平六　炮1平5　　　21. 炮六退四

红占先手。

进兵对进马

进兵对进马是一种常规用法，属一种积极的防御方法，先走方如懂此法，定会掌握主动权。

1. 兵七进一　马8进7

跳起左马使对手挺兵落空，针对性强。此外还有炮2平3、卒7进1、象3进5等多种应法，均具十分繁复的变化，可以演成各种正宗布局。

2. 马八进七　卒7进1　　　3. 炮二平五

架中炮加温，并演成中炮挺七兵跳七马的阵式。

如图2-48：红方补架中炮，加强火力。黑方着法：车9平8、马2进3。

3. ……　　　车9平8

4. 马二进三　炮8平9

平炮成三步虎阵式。如改走马2进3、车一平二、炮2进4兵五进一、炮8进4、车九进一、炮2平3、相七进九，成中炮对屏风马双炮过河。

5. 炮八进二　……

伸炮的目的：挺兵通马，左炮右移，舒展子力。

5. …… 象3进5

6. 兵三进一 卒7进1

7. 炮八平三 马2进4

黑方所走的穿宫马，从表面上看，虽子力开场，但仍落后一等。

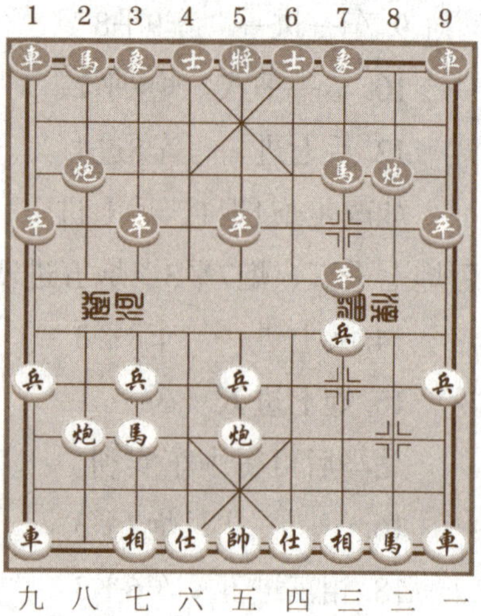

8. 车九平八 卒3进1

9. 马七进六 ……

如改走兵七进一 车1平3，黑方可取得满意布局。

9. …… 车8进4

10. 兵七进一 车8平3

11. 车一平二 车1平3

不如改走马7进6，兑子争先。

12. 车二进八 士6进5

13. 车二平四 车3平7

14. 相三进一 车3进4

15. 马三进四 炮9平8

平炮准备对攻，似不合算。应该走马7进6，虽落后手，但还可一搏。

16. 炮五平三 炮8进7

17. 仕四进五 车7平8

18. 前炮进五 车8退4

19. 帅五平四 马7进8

20. 马四进三 马8进6

21. 马三退四 车8平7

红优。

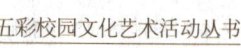

图2-48

四、常见布局陷阱

1. 弃马成杀

1. 炮二平五 炮8平5

2. 马二进三 马8进7

3. 车一进一 车9平8

4. 车一平六 车8进6

黑方走过河车是古谱中常见的应着，现代多改以车8进4。

5. 车六进七　马2进1

6. 车九进一　……

红方起横车弃马乃诱敌之计。

6. ……　炮2进7

黑方贪食弃马，落入陷阱。

7. 炮八进五　……

如图2-49。至此，黑方着法：马7退8，车8退4如下。

7. ……　马7退8

若改走车8平7、炮八平三、车7平6、车六平三、象7进9、炮五进四、士6进5、车九平二、车6退6、炮三平二、炮2退6、炮五退二、炮5进1、炮二进二、车6进2、炮二平一、象3进5、车三进一、车6退2、车二进七、象5退7、车二平四，红胜。

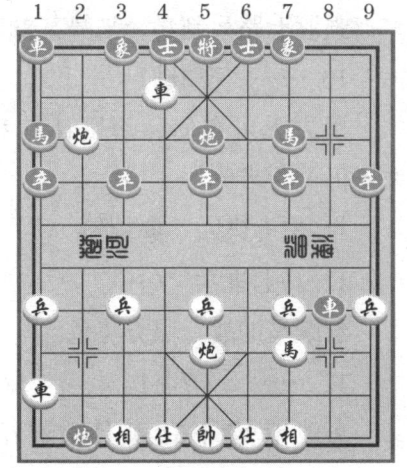

图2-49

8. 炮五进四　士6进5　　9. 车九平六　将5平6

10. 前车进一　士5退4　　11. 车六平四　炮5平6

12. 车四进六　将6平5　　13. 炮八平五

红胜。

2. 弃马取势

1. 炮二平五　炮8平5　　2. 马二进三　马8进7

3. 车一平二　卒7进1　　4. 兵七进一　马2进3

5. 马八进七　车1进1　　6. 炮八进一　车1平6

7. 炮八平七　象3进1　　8. 车九平八　车6进6

9. 车八进六　……

如图2-50，红方左车过河，属强硬手段。准备采用先弃后取的战术攻打黑方右翼。

9. ……　　车6平7

10. 兵七进一　……

强渡七路兵制马，来势甚汹。

10. ……　　卒3进1

黑方无可奈何，否则让红兵再进，失子仍再所难免。

11. 炮七进四　象1退3

12. 马七进六　……

红跃马助战，黑方势危。

12. ……　　车7退1

若改走车7平6，则仕六进五、车6退

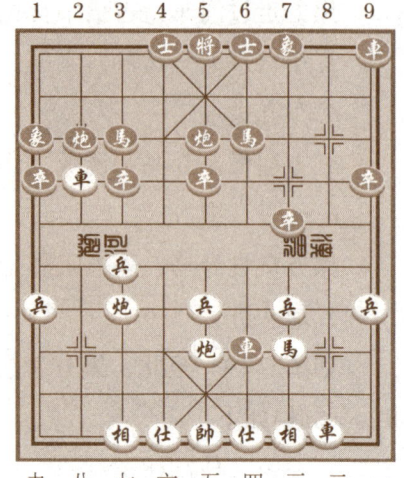

图2-50

2、马六进七，红方大占优势。

13. 炮七平三　炮2平7　　　　　14. 马六进四　车7进3

15. 车二进八　炮7平6　　　　　16. 马四进六

红方胜势。

第七个回合黑方象3进1，飞边象过于保守，如走车9进1，可与红方争夺先手，倘若红方兵七进一渡河，黑方可车6进4，则兵七进一、车6平3、兵七进一、车3进1、兵七平八、车3进1，红方虽有兵渡河，无奈先手被占。

3.弃马抢攻

如图2-51，黑方终于获得了胜势。黑方先行：

1. ……　　卒5进1

进中卒攻击中路，不失为一步妙棋。

2. 车七进一　卒5平4

3. 炮四平六　士6进5

4. 前车退二　车6进3

5. 马三退四　车6平4

6. 车七平三　卒4进1

7. 车七平八　　车3退2

8. 车三退二　　车4进2

黑方再先行弃车砍士，进一步占尽先手，黑方胜利之势已呈。

9. 帅五平六　　车3进2

10. 帅六进一　　炮5平4

11. 仕五进六　　车3退1

12. 帅六退一　　卒4进1

13. 帅六平五　　卒4进1

黑方胜券在握。

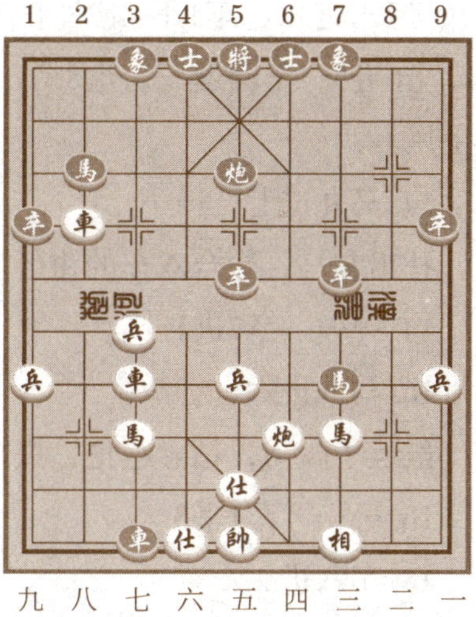

图2-51

4. 弃兵取势

1. 炮二平五　　马8进7

2. 马二进三　　车9平8

3. 车一平二　　马2进3

4. 马八进九　　卒3进1

5. 炮八平六　　炮8进2

6. 兵七进一　　……

如图2-52，突然献兵，设下陷阱。

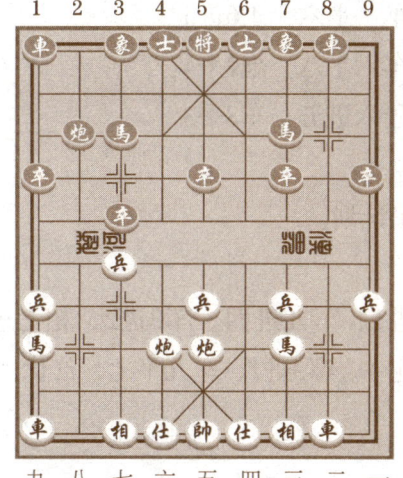

图2-52

6. ……　　　　卒3进1

7. 车二进四　　象3进5

8. 车二平七　　马3进4

9. 车九平八　　炮2平1

10. 车七平六　　马4退6

11. 车六平四　　马6退7

12. 车四进四　　后马进9

13. 车八进七　　……

红方献兵后，步步紧逼，着着带捉，不容对方喘息。

13. ……　　　　炮8退2

若改走士4进5、车八平五、炮1

退1、炮六进六、车1平4炮六平八、车4进2、车五平六、士5进4、炮八进一、士6进5、车四退三、炮8平7、炮五平七、炮1平3、车四平七，红方占尽上风。

14. 马九进七　……

扑出左马，配合双车的钳形攻势。

14. ……　卒7进1　　　　15. 马七进八　马7进6

16. 马八进六　……

红运子献马，精彩绝伦，黑败局已定。

16. ……　车1平3　　　　17. 炮五进四　士6进5

18. 车八进二

红胜。

黑方第八回合同样进马，不如改走马3进2兑车。则：马3进2、兵三进一、士4进5、车七进二、马2进4、车七退二、马4进5、相七进五、车二平4、仕六进五、炮8平3，局势平稳。

5. 弃兵陷车

1. 炮二平五　炮8平5　　　　2. 马二进三　马8进7

3. 车一进一　车9平8　　　　4. 车一平六　士6进5

5. 车六进七　马2进1　　　　6. 车六平八　炮2平4

7. 兵九进一　车8进4　　　　8. 仕六进五　车8平3

9. 马八进九　……

如图2-53，红方献兵，实施弃兵陷车计划。

9. ……　　　　　车3进2

若改走卒1进1，则马九进八、卒1进1、车九进四、车3进2、相七进九、车3平2、炮八平七、卒3进1、车九进一、卒3进1、车九平七，红优。

10. 炮八进一　……

这步棋对弃兵陷车计划影响重大。

10. ……　车3退2

黑若改走车3进1，则炮八平七，伏车八平九、车1平2，后车平八吃车。

11. 炮八平七　炮4平3

12. 车八退五　车1平2

13. 车九平八　车2进6

14. 车八进三　卒7进1

15. 炮五平七　车3平4

16. 前炮进四

红方得子。

本局黑方之所以失子，皆因第八个回合车8平3急于捉兵所致。应改走卒1进1，也可以说是红方设计献兵所致。

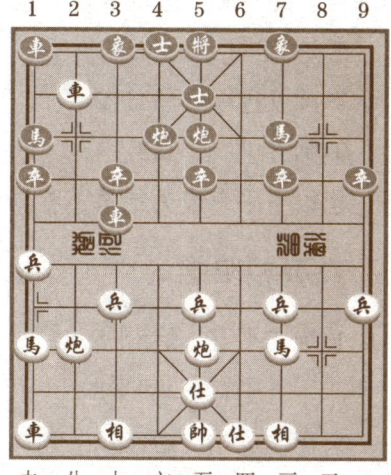

图2-53

6. 弃炮强攻

如图2-54，黑方断然回中象弃左炮，采取中路强攻，很快此计见效，取得了先手。黑方先行：

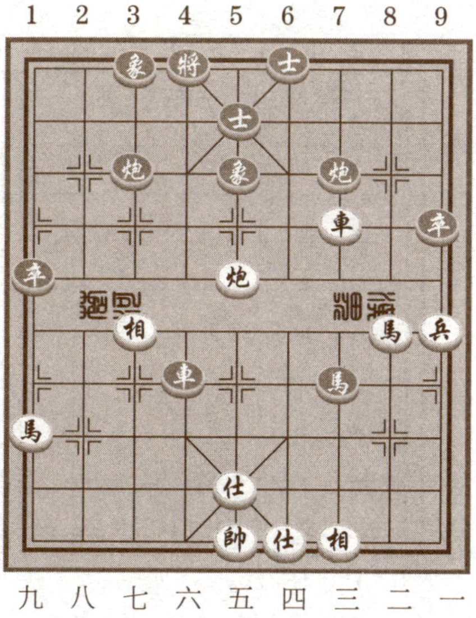

图2-54

1. ……　　　象5退7

黑方回象，准备架中炮要杀，为一步妙棋。

2. 马九退七　炮3进6

如改走车三进一吃炮，则炮3平5、车三平五、象7进5，黑方胜定。黑炮打马交换，子力占位较佳，尽占上风。

3. 车三进一　马7退5

4. 炮五平三　炮3进1

红方如走相三进五，黑方可走炮3平1，红方无功而返，造成了更为不利

的局势。此时黑方进炮要杀，构成了车马炮的联合攻势。

5. 炮三进四　将4进1　　　6. 仕五进六　马5进4

7. 帅五进一　马4进2　　　8. 车三平八　车4进2

9. 帅五进一　马2进4

黑以下平车成为绝杀，胜局已定。

7. 弃相陷炮

1. 炮二平五　炮8平5　　　2. 车一进一　马8进7

3. 车一平六　车9平8　　　4. 马二进三　马2进1

5. 车六进六　炮2进2　　　6. 车六退二　卒1进1

7. 兵七进一　士6进5　　　8. 马八进七　炮5平4

9. 兵九进一　卒1进1　　　10. 车九进四　卒3进二

11. 车六平七　炮2进2

12. 兵五进一　……

如图2-55，红知黑欲走平炮压马，射相打车，却不加防范，便冲中兵，从策略上讲是将计就计。

12. ……　　　　　炮2平3

13. 车七平六　炮3进3

14. 仕六进五　象7进5

15. 兵五进一　车8进4

16. 马三进五　……

红在悄无声息中针对黑炮设下了陷阱。

16. ……　　　　　卒5进1

17. 车九退四　炮3退1

18. 车六退四

黑炮已无路可逃，红方得子。

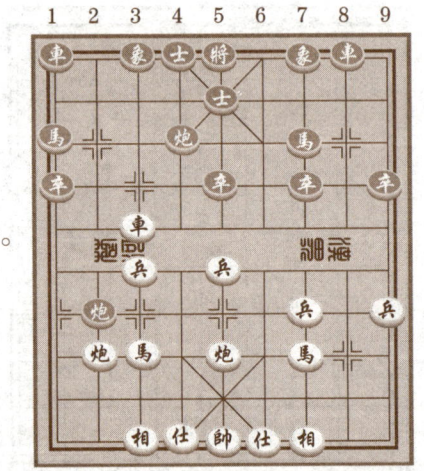

图2-55

8. 贪车丢子

1. 炮二平五　炮8平5　　　　2. 马二进三　马8进7

3. 车一进一　车9平8　　　　4. 车一平六　马2进3

5. 车六进五　……

如图2-56，红方针对黑方3路弱马，迅速出车捉卒，为一步好棋。

奕战至此，黑方有两种着法：

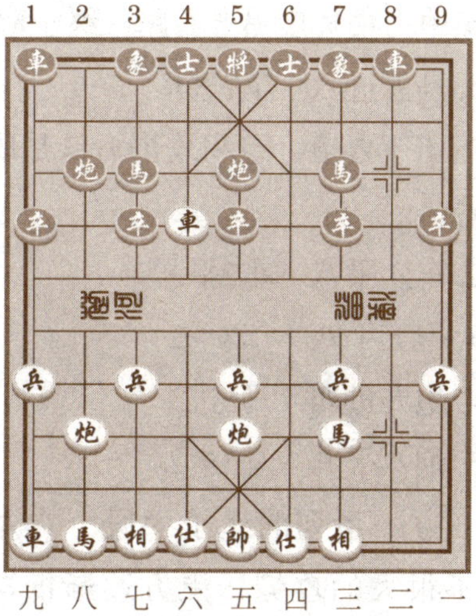

着法一

5. ……　　　卒5进1

6. 车六平七　……

红诱黑马进入绝谷。

6. ……　　　马3进5

7. 炮八进四　马5进7

8. 兵三进一　……

至此，黑马已无活路。

着法二

5. ……　　　象3进1

6. 车六平七　车1平3　　　　7. 炮八平七　马3退5

8. 车七平六　……

红车诱黑方走炮5进4叫将吃车。

8. ……　　　炮5进4

黑方已落入红方设置的陷阱。若改走炮2平3，则车六进二、炮3进5、马八进七、车3进6、车九进二、车8进6、马七退九、车8平7、车九平六、车3退6、仕六进五、炮5平2、帅五平六、炮2退2、后车进五、车7进1、后车平四，红方呈胜势。

9. 马三进五　马5进4　　　　10. 炮七进七　象1退3

11. 马五进四　马4退5　　　　12. 马四进三

红方得子。

图2-56

九　八　七　六　五　四　三　二　一

95

以上两种着法，黑方第五回合均应改走炮5平6，此时红方如接走兵五进一，则象3进5补中路，这样黑方阵形无缺陷，红方无从下手。

9. 进马弃兵

如图2-57，红方各子均处于有利位置，企图在中路发起攻势，但是黑方防守牢固，下一步即可进左车捉中马进行反击。红方果断进马弃三路兵，集中力量猛攻黑方右路，终于取得了优势。红方先行：

1. 马五进六　卒7进1

运子于要道，组织攻击力量是取势的好着。

2. 车六平八　车2平3

3. 炮五平八　车3平2

4. 炮九进四　马5进3

5. 炮八平九　马3进2

红方一系列的运子手段，在左路争取了很大的攻势，黑方逐渐抵挡不住攻击。

6. 前炮平八　车8进6

7. 车一平六　马2退3

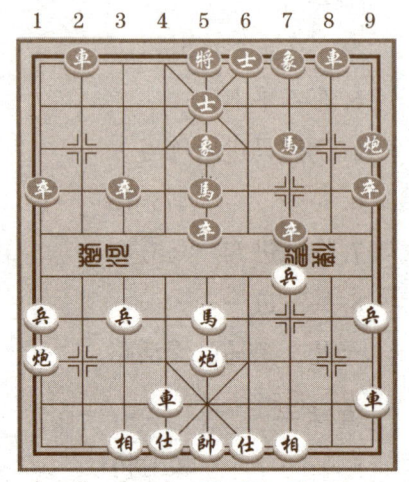

图2-57

红方的明智之举是放弃先吃马，如走车八进二，则车8平4、马六进七、车2进2，黑方以后再退车吃红马，红方无便宜可占。

8. 兵七进一　车8平1　　9. 车八进四　马7进8

10. 兵七进一　卒3进1　　11. 炮九平五　车2进2

12. 炮五进五　象7进5　　13. 炮八平五　马8进6

14. 马六进五　马6退5　　15. 马五进三　马5退6

16. 车八进二　车1平5　　17. 仕六进五　炮9平4

红方宜走相三进五。

18. 车六进六　士5进4　　19. 车八进二　将5进1

20. 车八退一　将5退1　　21. 车八平四

红方多子胜定。

10. 献马偷车

1. 炮二平五　马8进7　　2. 马二进三　卒7进1

3. 车一平二　车9平8　　4. 马八进九　炮8进4

5. 炮八平六　炮2平5　　6. 仕四进五　马2进3

7. 车九平八　车1平2　　8. 车八进九　马3退2

9. 兵九进一　卒3进1　　10. 马九进八　马2进3

11. 炮六平七　象3进1　　12. 兵七进一　马3进4

13. 兵七进一　马4进6　　14. 兵七进一　炮8退1

如图2-58，退炮打马是陷阱，目的是献马偷车。

15. 马八进九　马6进8

对攻中，黑方设下了献马偷车的圈套，红方恐难全身而退。

16. 车二进三　炮8平3

至此，将形成有车斗无车的形势，黑方占尽上风。

红方第十四回合贪进七兵，被黑方退炮撺马后，惨失一车。此着应改走兵三进一，则卒7进1、马三进四、卒7平6、马八进六、卒6进1、炮七进一、炮8平5、车二进九、马7退8、炮七平四，红方不亏。

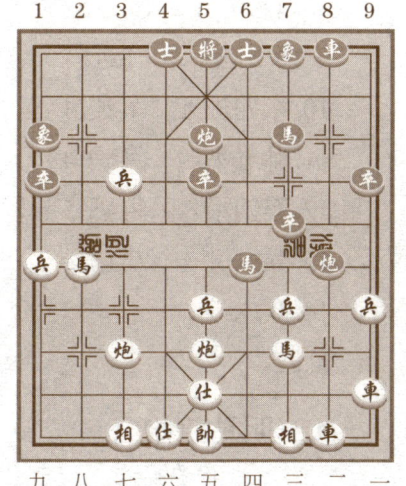

图2-58

11. 献马要杀

如图2-59，红方的右路车炮封锁着黑方的车马，并有中兵过河助战，占了一定先手，但黑方也已破坏了红方的双仕，红方的防守已不是牢不可破，以下黑炮还要打相争先。至此，红走出了一步妙棋。红方先行：

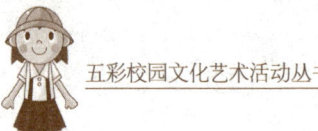

1. 车二平四　车8进1

2. 马四进三　车8退1

3. 马三进二　车8进1

红方设计献马，力求使黑车进入不利位置，有利于攻杀得利的实现，这一步棋使红方占尽优势。

4. 车九平四　炮5平6

5. 前车进七　车8平6

6. 兵五平六　车6平2

黑方不能兑车，因为子力位置不好，兑车之后，防守更为困难。

7. 炮八退三　象7进5

8. 炮八平五　士4进5

9. 兵三进一　车2进3

10. 车四进五　车2进4

11. 帅五平四　将5平4

12. 车四平六　将4平5

13. 兵六进一　马1退2

14. 兵六进一

红胜。

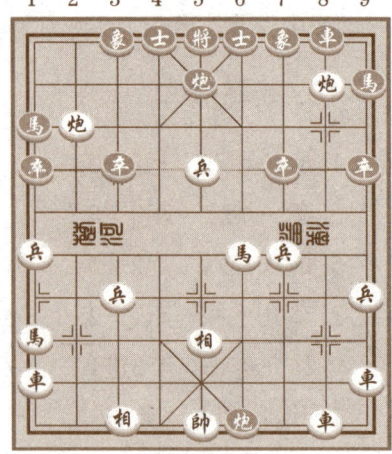

图2-59

12. 明马暗炮

1. 炮二平五　马2进3

2. 马二进三　炮8平6

3. 兵三进一　卒3进1

4. 马八进九　象7进5

5. 炮八平七　车1平2

6. 车九平八　炮2进4

7. 车一平二　马8进7

8. 兵七进一　卒3进1

9. 兵三进一　卒7进1

10. 车二进四　卒3平2

11. 兵九进一　……

如图2-60，红方弃双兵后挺进9路边兵，悄无声息暗设陷阱。

11. ……　　　　马7进6

若改走卒2平1、车二平九、车9平8、车九平七、马3进4、炮五进四、士4进5、车八进三，红方得子。

12. 马九进八　　炮2平1

13. 车二平七　　……

明为攻马，暗中取炮。

13. ……　　　　车2进2

14. 炮七平八　　车2平1

15. 车七退一　　……

红对黑炮实施围剿。

15. ……　　　　炮1进2

16. 车八进一　　炮1进1

17. 车七平九

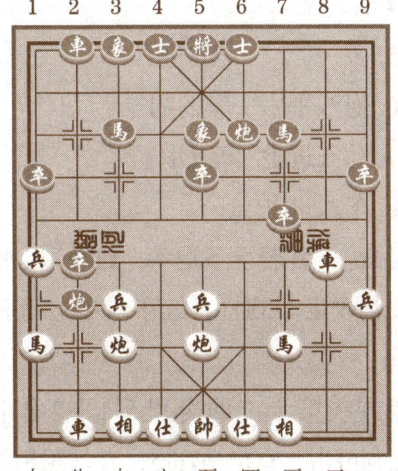

图2-60

黑炮前无进路，后无退路，必死无疑。

13. 诱车捉炮

1. 炮二平五　　马8进7　　　　2. 马二进三　　马2进3

3. 车一平二　　车9平8　　　　4. 兵七进一　　卒7进1

5. 车二进六　　马7进6　　　　6. 马八进七　　象3进5

7. 炮八进一　　卒7进1　　　　8. 车二平四　　马6进7

9. 炮五平六　　炮8进5　　　　10. 相七进五　　炮2进2

11. 马七进六　　炮2平7

12. 车四进二　　……

如图2-61，红方进车压象眼，设下诱黑车捉炮的陷阱。

12. ……　　　　车1平2　　　　13. 马六进四　　……

与进车压象眼相配合，弃炮夺势，着法积极主动。

13. ……　　　　士4进5

黑方若车2进6，则马四进三叫杀得车。

14. 马四进五　　车2进1

15. 车九平八　　……

似守实攻。

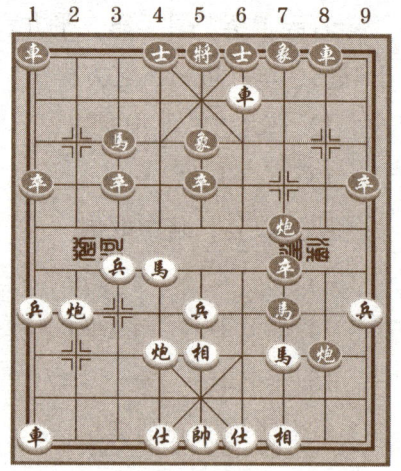

图2-61

15. ……　　　车8进2

16. 炮八平六　　车2平1

17. 马五进七　　车1平3

18. 车八进九

至此，黑若士5退4，红车八平六杀；又若改走车3退1，红车八平七得车仍占上风。

黑方在第十二回合里车1平2出车捉炮，无利可占，宜走马7进5，弃马踩相展开对攻。

第三节 基本杀着

一、炮的杀着

1. 马后炮

马后炮就是利用马使帅（将）不能上下或左右移动，再利用马后面的炮将帅（将）杀死。图3-1、图3-2，是几种常见形势。

图3-3，是实战中容易出现的形势，如果红方先走，取胜的着法是：

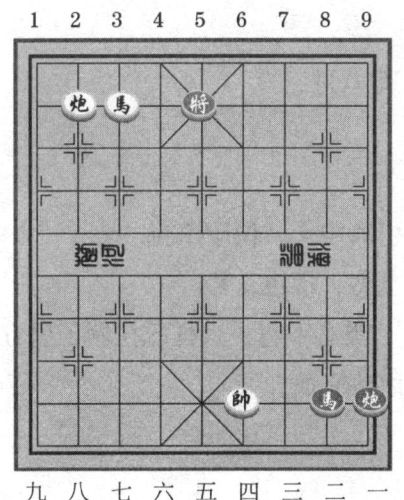

图3-1

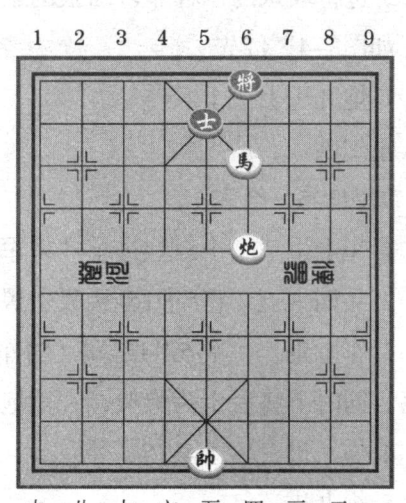

图3-2

1. 马一进二、将6进1或将6平5、马二退四、将5平6、炮五平四绝杀

2. 炮五平一（绝杀）

因为黑中间的士阻挡了将平中，所以对红方下着炮一进二的马后炮杀无可解救。

如果黑方先走，黑棋又要比红棋快一步胜。着法是：

1. 马2进3　帅五进一

2. 炮4平2

下一着炮2进4的马后炮杀，红方也无力回天。以下红如马一进二、将6进1，始终不让红有帅五平四解杀的机会，红如帅五平六，黑炮2进4就把红将死了。

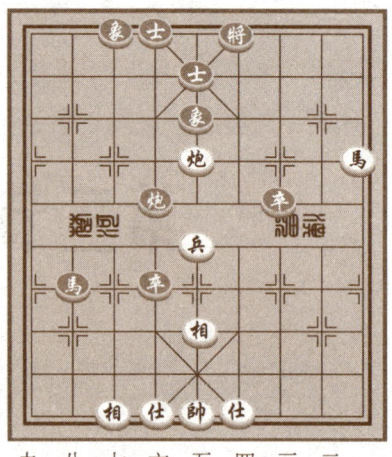

图3-3

2. 重炮

重炮是一方双炮在一线上重叠，一炮作为另一炮的炮架子向对方帅（将）进行攻杀的一种非常凶狠的杀法。

如图3-4，红先：

1. 炮九进七　士4进5　　　　2. 炮八进三

重炮胜。

如图3-5，红先：

1. 车七进三　士5退4进车"将军"引离中士，便于杀将。

2. 兵四平五　将5进1弃兵吸引黑方上将，推进杀势。

3. 车七退一　将5退1退车"将军"，黑必下将，这样既控制了黑方下二路，同时下将后士为炮架，"重炮"之势必成。

4. 炮八进三　士4进5

5. 炮九进三

重炮绝杀。

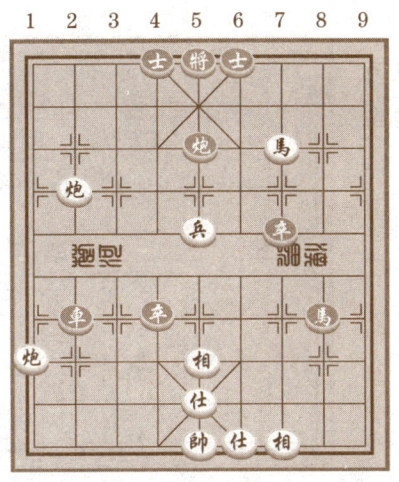

图3-4

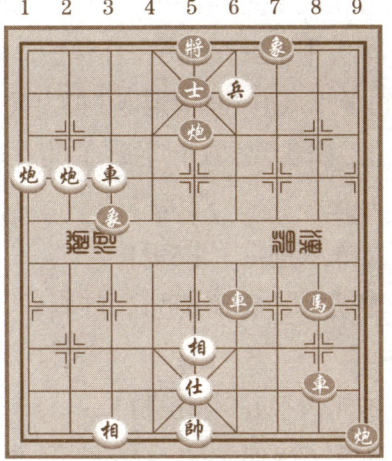

图3-5

3. 空头炮

保持炮与对方帅（将）位居一线，再限制对方士相活动范围，最后利用己方其他兵力杀将，称为"空头炮"杀法。

如图3-6：

1. 前炮进三　炮5退4

2. 炮五进五　士5进6

3. 车九进五　车9进1

4. 车九平五

红方肋道车塞住象眼，这样红炮有了夺取"空头"的机会。

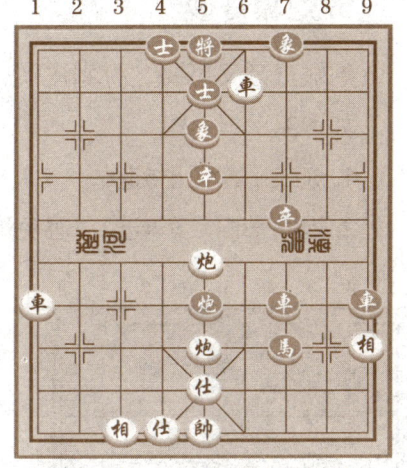

图3-6

4. 天地炮

两炮一炮沉底，另一炮居中，再利用己方其他子力（多半为车），一举杀死对方主将，这一杀法称作"天地炮"。

如图3-7，红先：

1. 车八平五 ……

黑方中士虽有己方车在保护，但红方借助中炮及底炮（即天地炮）的力量，弃车杀中士，击溃黑方双士防线，白得一士。

1. …… 车9平5

2. 车六进三 车5退1

黑方如改走将6进1，红则车六平四速胜。

3. 车六平五 将6进1

4. 车五平四

红胜。

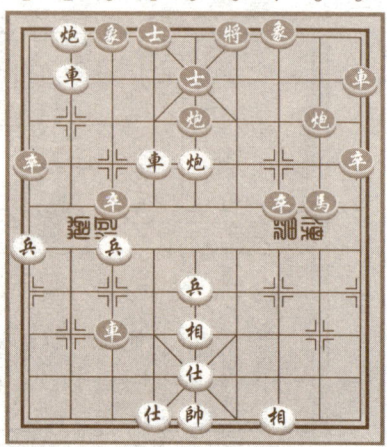

图3-7

5. 炮辗丹砂

炮辗丹砂又可叫"打剥皮"，是指炮左右翻飞打士的一种技法。

如图3-8，红先：

1. 炮二平六 士5退6

2. 炮六平四 车4进2（避免炮四退六打车）

3. 炮四退一 将5进1

4. 车八进八 车4退7

5. 炮四平六

红胜。

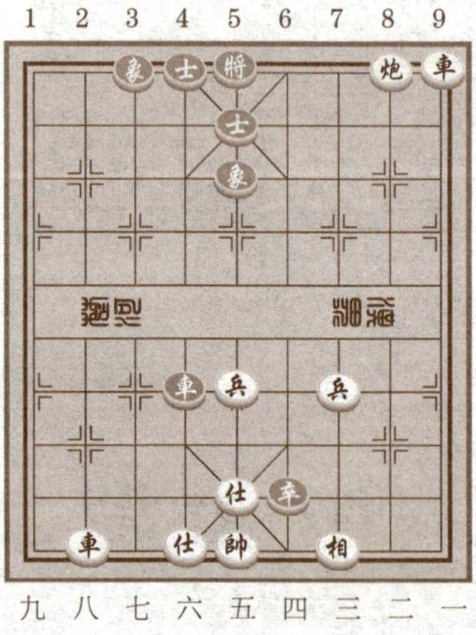

6. 夹车炮

双炮、车都集结在一侧，在对方侧翼底路三条横行线上交替"将军"而获胜的杀法，称之为"夹车炮"杀法。

如图3-9：

1. 车二进五 将6进1

图3-8

2. 车二退一　将6进1

3. 炮一退二　……

红胜。

同理，如果黑方先行，也动用"夹车炮"取胜。

如图3-9：

1. ……　　　车2进5

2. 帅六进一　炮3进7

3. 帅六进一　车2退2

黑胜。

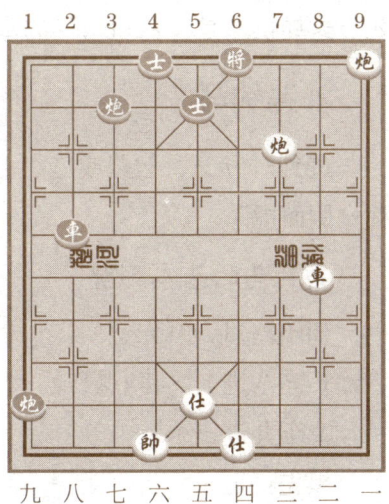

图3-9

二、马的杀着

图3-10

1. 钓鱼马

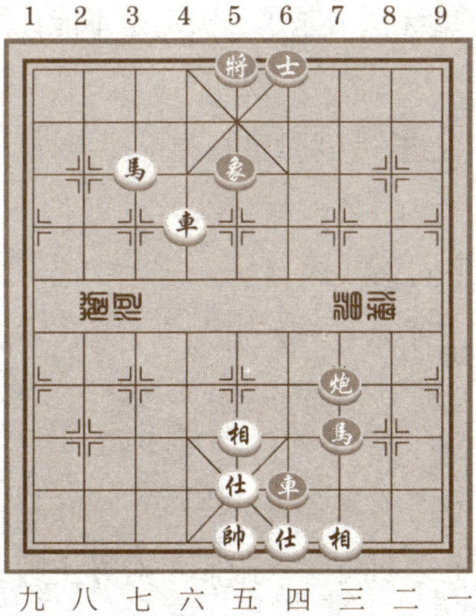

用马占据对方直线的第三路或第七路，横线的第三路，这样对方的将帅活动就受到了限制，这种步法被称为"钓鱼马"。

如图3-10，红先：

1. 车六进三

红胜。

因为"钓鱼马"控制着底士和中士两个位置，红车才可以大胆沉底"叫将"，而黑将唯一可以逃避的一点是中士的位置，但逃到这也会被"钓鱼马"将死，因此黑将无路可走，被红棋杀死。这局棋形是"钓鱼马"的基本局势。

2. 高钓马

进到对方三、七路或三、七路卒的位置上的马，称为"高钓马"，也称"侧面虎"。

高钓马的基本形势

如图3-11，红先：

1.马八进七　将4退1

2.车九进三杀。

黑先：

1.马8进7　帅五平四

（帅五退一　车2进2杀）

2.车2平6杀

实战中常遇的形势

如图3-11，是实战中常可遇到的形

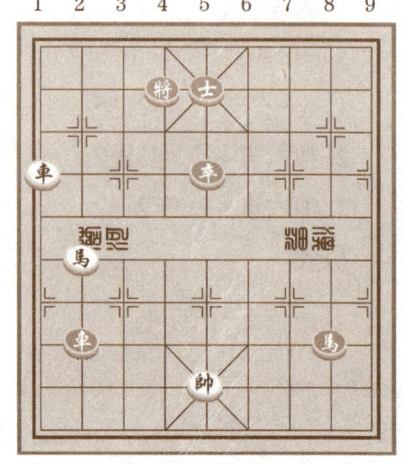

图3-11

势，红马九进八，准备成侧面虎杀，黑无法退守，只能士5进6灵活将路。如果红随手马八进七"将军"，黑将4平5后红就无法成杀了，关键是不能让黑将平中，因此在黑士5进6后，红应：

1.车九进二　将4退1　　　　2.车九进一　将4进1

3.车九平五　士6退5

如车7进3、马八进七、将4进1、车五平六杀。

4.马八进七　将4进1　　　　5.车五平八　车八退二

绝杀。

3. 卧槽马

用马在对方底象（相）的前一格位置上"叫将"，限制了对方主帅的活动，然后用其他子力趁势把对方将死的杀法，称为"卧槽马"杀法。

如图3-12：

1. 兵六平五　士4进5　　　　2. 马六进七　将5平4

3. 车五平六　士5进4　　　　4. 车六进一

兵杀士有力，使马能顺利地卧槽将军取胜。

4. 八角马

八角马指的是用马在对方九宫的任何一个士角位置上，与对方将（帅）形成对角，限制其活动空间，再利用其他子力杀死对方的方法。

如图3-13：

1. 马五进六　将5平6　　　　2. 车五平四　士5进6

3. 车四进三

红胜。

5. 白马现蹄

使对方士（仕）角的防守据点失控，处在对方下二路横线上的马，能"挂角照将"称为白马现蹄。

如图3-14，红先：

1. 车四进九　士5退6

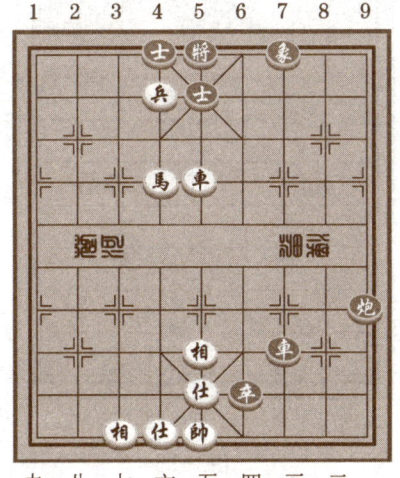

图3-12

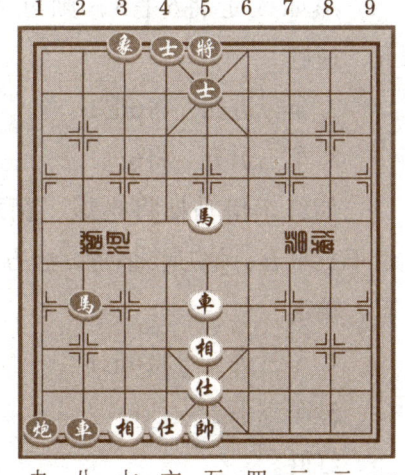

图3-13

2. 马二退四　将5平4（将5进1　车八进二杀）

3. 车八平六杀

如果黑先，杀法是：

1. 马8进7　车四进一

2. 车1平9

绝杀。

以下红如走：

车八平五、车9进4杀；车四平三、车9进4、车三退一、车9平7杀；

帅五平四　车9进4闷杀。这种车马炮联合进攻的方式，在实战中出现的频率很高。

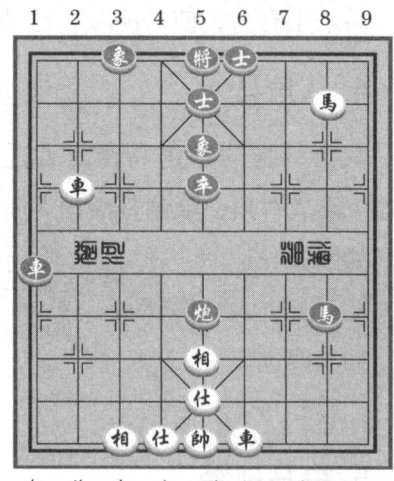

图3-14

6. 拔簧马

车借马力，进行抽将得子，直到将死对方的杀法，称为"拔簧马"杀法。如图3-15：

1. 马三进二　将6进1

黑如改走将6平5，则红方车三进五，速胜。

2. 车三进四　将6退1

3. 车三退五　将6进1

如红车借马抽将吃炮，精彩，如误走车三平五，炮7退5垫将，红方反而无解着，输定。

4. 车三进五　将6退1

5. 车三平五

红胜。

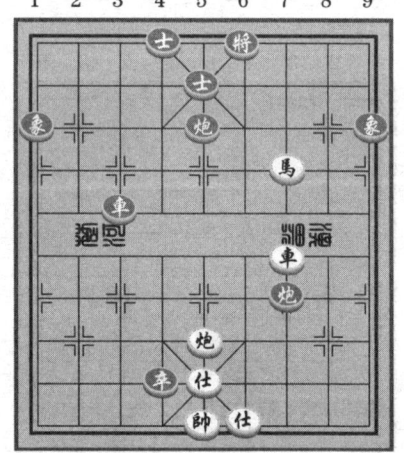

图3-15

7. 双马饮泉

是指双马齐聚一侧发动攻势的一种杀法。先用一马在对方九宫侧翼控制将门，另一只马跳到这只马的里侧卧槽将军，双马互借威力，左扑右杀，共同出击，也可叫"打滚马"。

如图3-16：

1. 马六进七　将5平4

2. 马七退五　将4平5

黑方如改走将4进1，红方则马五退七杀，也是红胜。

3. 马五进三

红胜。

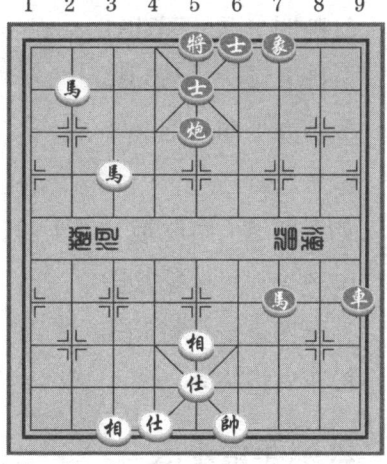

图3-16

三、车的杀着

1. 双车胁士

如图3-17：

1. 车二平四　士4进5

2. 车七平五　马3退5

3. 车四进一

闷杀，这就叫"双车胁士"。

黑方如果采用下列步法，则可多支持片刻。

1. 车二平四　车7进2

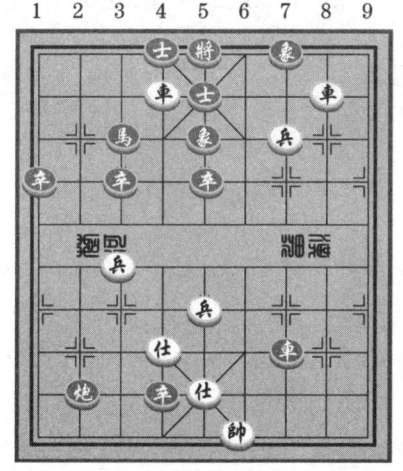

图3-17

2. 帅四进一　卒4平5

3. 帅四平五　车7退1

4. 帅五退一　马3退5

5. 帅五平四　炮2平6

6. 兵三进一　……

如车四退七贪吃炮，黑车7进1杀。

6. ……　　　象7进9

7. 车四进一　将5平6

8. 车六进一杀

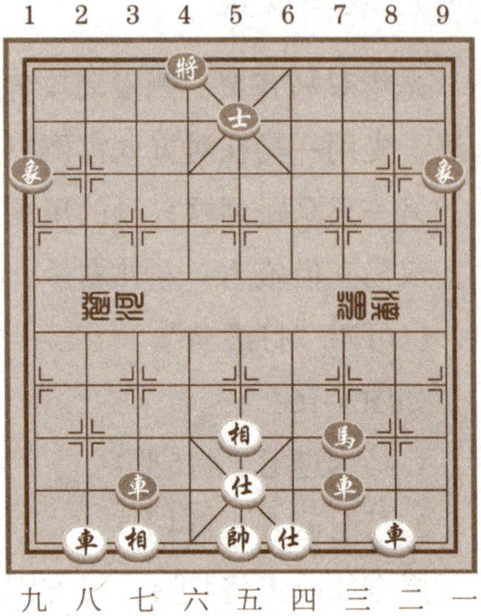

2. 双车错杀法

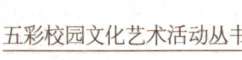
图3-18

象棋中，车的攻击力最强，所谓"双车错"杀法，就是运用双车交替"将军"，把对方将死。这种杀法是在对方缺士（仕）或主帅（将）受攻时使用。攻击迅猛，难以抵挡。

如图3-18：黑方暗伏双车杀中仕的杀法，但红方可抢先一步，用"双车错"杀法取胜。

1. 车二进九　将4进1　　　2. 车八进八　将4进1

3. 车二退二　士5进6　　　4. 车二平四

红胜。

NO3.围棋活动指导

第一节 围棋基础知识

一、棋 具

1. 棋盘

棋盘是纵横19道的方形格子，交点之数为19乘以19，共361点。为了简便起见，通常以坐标来标出棋盘上交叉点的位置，术语叫"路"。例如图5-1：A是"10、六路"，B是"6、十三路"，C是"14、十三路"。

在盘面上还有9个圆点，术语叫"星"，正中的那个"星"叫"天元"。以每个"星"为中心，大体上可以把棋划分为9个区域。"4、四路"表明左上角，"10、四路"表明上边，"16、四路"表明右上角，"4、十路"表明左边，"10、十路"表明上边，"16、四路"表明右上角，"4、十路"表明左

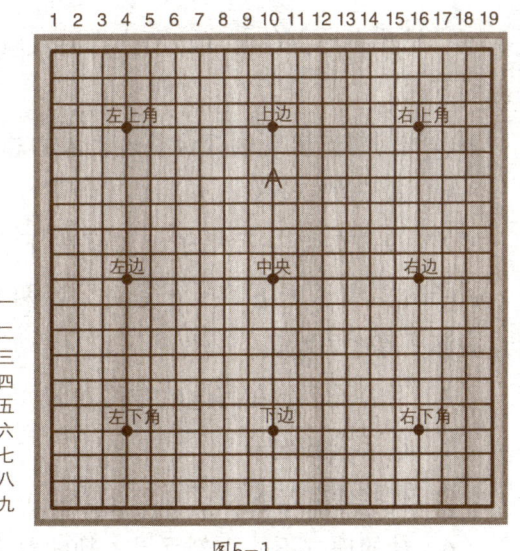

图5-1

113

边，"10、四路"即天元一带表明中央，"16、十路"表明右边，"4、十六路"表明左下角，"10、十六路"表明下边，"16、十六路"表明右下角。

在每个角上，除了A位的"星"以外，还有B、C、D、E等重要部位。如图5-2：B位叫"小目"，C位叫"3、三"，D位叫"目外"，E位叫"高目"。其中，星和"3、三"只有一个，而小目、目外、高目则均有相应的两个。至于另外3个角的结构，与本角是完全相同的。

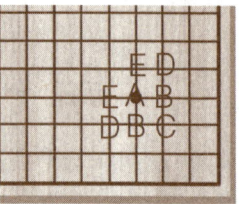

图5-2

2. 棋子

棋子分黑白两种，共361个，黑棋181个，白棋180个，比赛时，双方各持一种，黑白明了，甚是明显。

二、下棋规则

围棋是攻占地盘的游戏，而作为游戏就必须有游戏规则，游戏才能顺利进行下去。

下面我们将围棋规则综合整理，最后总结出以下几点：

（1）棋子放在交叉点上。

（2）双方各持一种棋子，黑子先下，然后一手一手交互地下。但是，授子时由白子先下（授子是对局者两人的实力悬殊时，为了调节差距，能够平等地争胜负，故先授子再开始）。

（3）下的子不能在其他地方移动。

（4）吃子或被吃子。

（5）有些地方禁止下子（禁止着手）。

（6）劫的地方不能立刻反提（劫的着手限制）。

（7）谁占地多谁是赢家。

以上（1）至（3）是围棋的规则，应该说是预备知识，这是初学围棋的人必备的知识。但是，要下围棋只具有（1）至（3）的知识是远远不够的，必须要了解技术上的规则，而技术上的规则是（4）至（7）的4个项目，此4项明白的话，就可以下围棋了。因此，要深入去理解此4项，才能增加技巧。

三、基本概念

1. 气

气是指与棋子直接通连的交叉点。如图5-3中，箭头所指的位置就是棋子的气。中央一个子有4口气，边上一个子有3口气，角上一个子只有两口气。

2. 连

一方的两个子或两部分子通过一个子而连接起来，把这个子叫做"连"，也叫"粘"。如图5-4中，黑1都叫"连"。

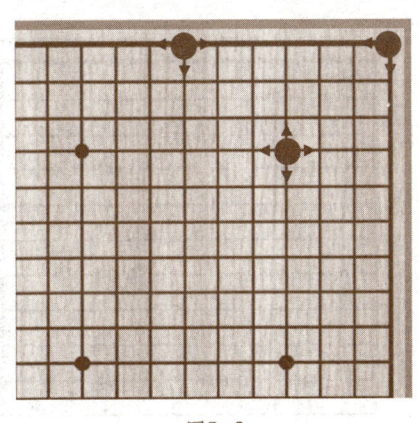

图5-3

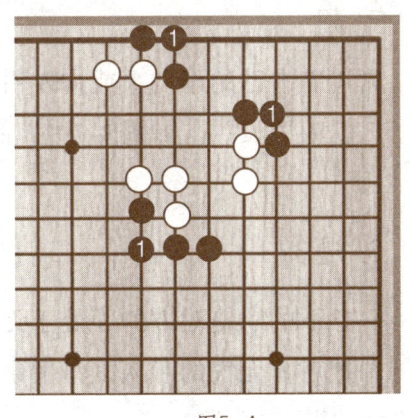

图5-4

3. 断

一方的两个子或两部分子被另一方的一子隔开，这个子就叫"断"，也可叫"冲"。如图5-5中，黑1都叫"断"。

4. 打吃

一方下的一子使对方的子只剩下最后一口气（己方的子最少要有两口气），下的这个子就叫"打吃"，也称为"叫吃"。如图5-6中，黑1都叫打吃。打吃预示着警告，意思是告诉对方只有最后一口气了。被打吃的一方也应该意识到自己面临的危险。

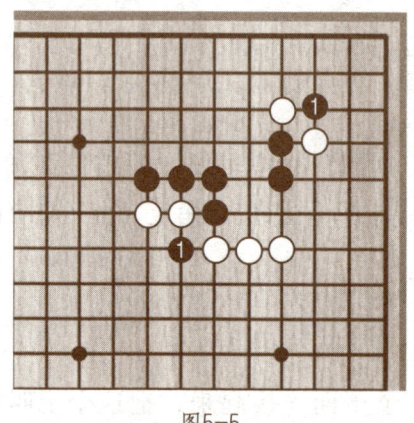

图5-5

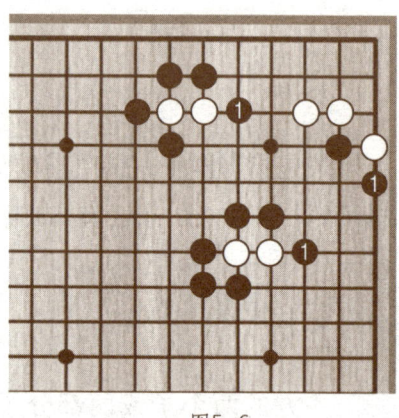

图5-6

5. 长

紧连着自己的子向上或向左右延长一子，就叫"长"。如图5-7中，黑1都叫"长"。

6. 提

一方下的子使对方的子处于无气状态，并把对方无气的子从棋盘上拿掉，称之为"提"。

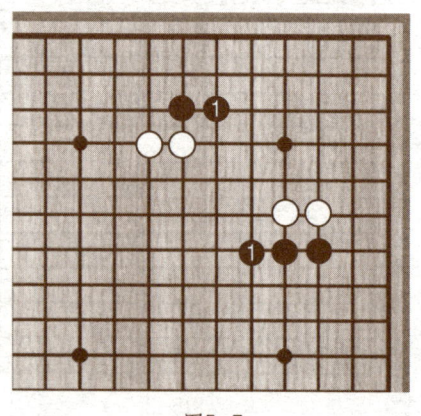

图5-7

如图5-8中，黑1都叫"提"。这里需要强调的是，凡是没有气的子必须从棋盘上提掉，绝不能在棋盘上存在。如果对方的棋子还有气，哪怕只有一口气，那也不能提，这个界线一定要分明。

7. 拆

保持与原有棋子同一条直线，向左（右）间隔一路、两路以至两路、四路下一子，叫拆。如图5-9中的黑1是向左"拆一"，黑2是向右"拆二"。

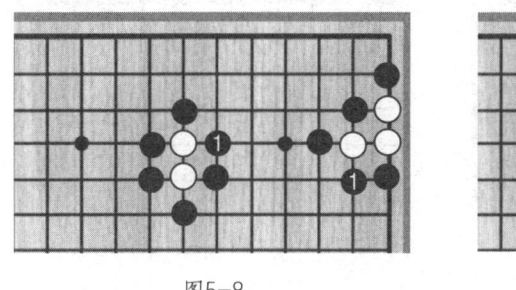

图5-8   图5-9

8. 立

当双方的棋子在边、角上相接触时，顺着自己的棋向下"长"一子，叫"立"。如图5-10中的黑1。

9. 跳

在原有棋子的同一条直线上，隔开一路下一子，叫"跳"，也可以叫"关"或"单关"。如图5-11中的黑1。

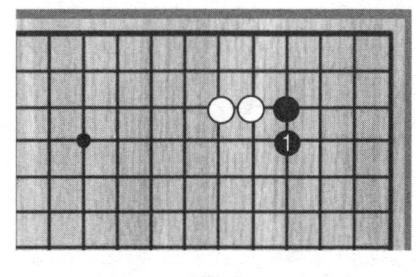
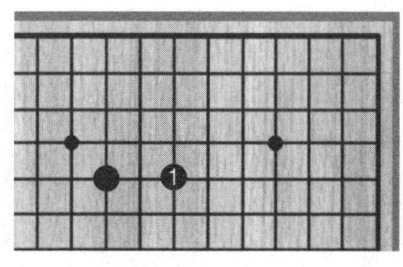

图5-10   图5-11

117

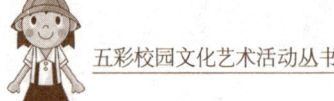
10. 尖

在原有棋子的斜线上（即方格对角上）下一子，叫"尖"。如图5-12中的黑1。

11. 扳

在双方相互贴时，为阻止对方的出路，一方从斜角在对方前方下子，叫"扳"。如图5-13中的黑1。

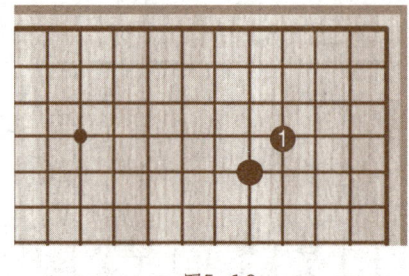

图5-12

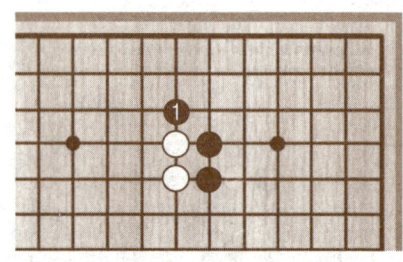

图5-13

12. 夹

一子被对方两子夹在中间，称为"夹"，如图5-14中的黑1与另一黑子，把一白子夹在中间了。

13. 虎

3子构成一个品字状叫"虎"，如图5-15黑3子构成的形状就是虎，图中的A位叫"虎口"，边角上类似的形状也可以称之为"虎"。

图5-14

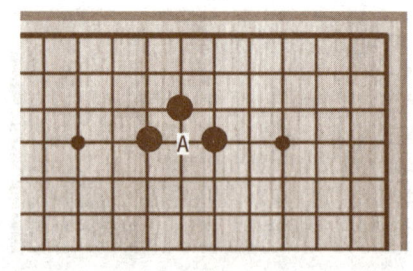

图5-15

14. 刺

在对方虎口的位置长一子切断对方，叫做"刺"。如图5-16中的白子。

15. 双打

下一个子，同时打吃对方两边的子，叫"双打"。如图5-17的黑1。

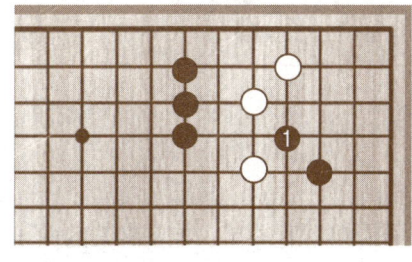

图5-16

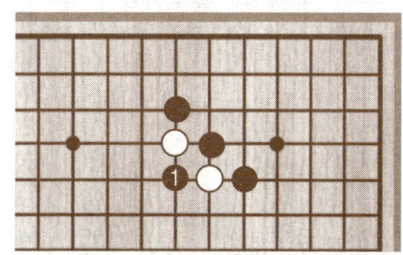

图5-17

16. 双

为了防止被对方断开，自己下子而把自己的棋子拼连起来（形状如两个单关并列），叫"双"或"双关"。如图5-18的黑1。

17. 压

紧挨着对方棋子的上面下一子，叫"压"。如图5-19的黑1。

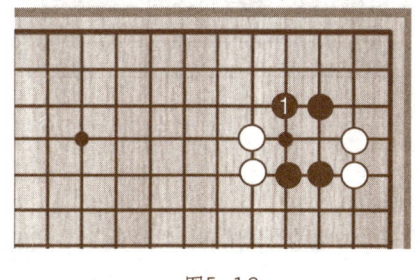

图5-18

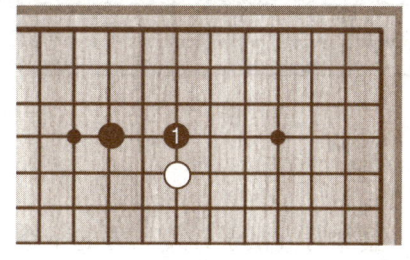

图5-19

18. 挡

在对方向外冲出时，迎头堵住它的去路，叫"挡"。如图5-20的白1。

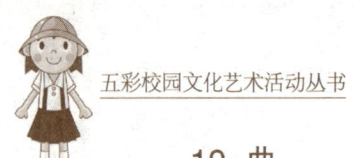

19. 曲

紧贴对方棋子并包围对方棋子的下法叫"曲"。如图5-21的白1。

图5-20　　　　　　　　　　　图5-21

20. 肩冲

在对方子的斜上方成"尖"的位置下子，叫"肩冲"。如图5-22的白1。

21. 靠或搭

紧靠对方子的旁边下子，旁边还有己方的子作配合，这种下法叫"靠"或"搭"。如图5-23中的白1。

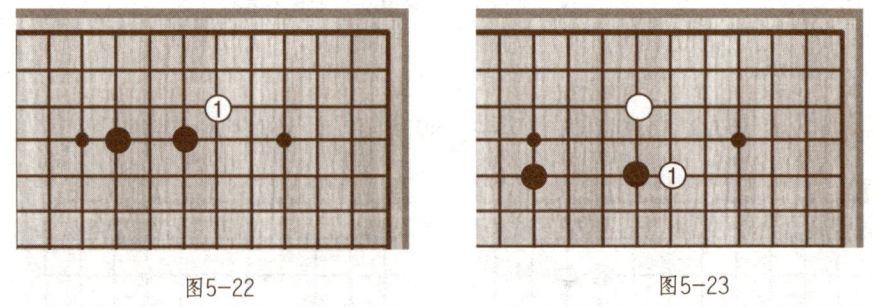

图5-22　　　　　　　　　　　图5-23

22. 尖顶

紧靠对方棋子并使己方的子在"尖"的位置的下法叫"尖顶"。如图5-24中的白1。

23. 退

和对方接触的子，向自己其他子的方向延伸一子叫"退"。如图5-25

中的白1。

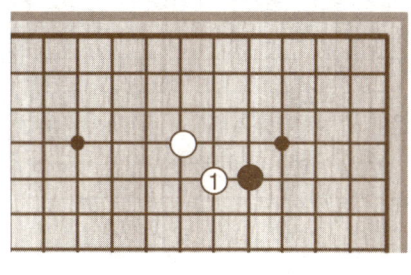

图5-24

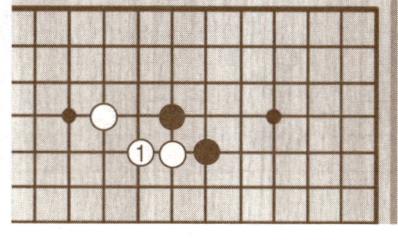

图5-25

24. 镇

在与对方的直线空一路的上方下一个子，叫"镇"。如图5-26中的白1。

25. 并

和己方的子并排下一子，但这个子不能与对方的子接触，叫"并"。如图5-27中的白1。

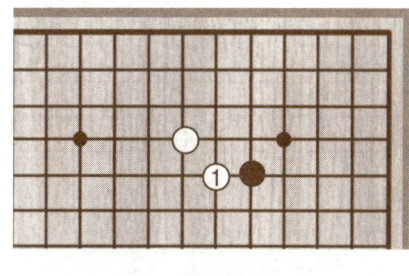

图5-26

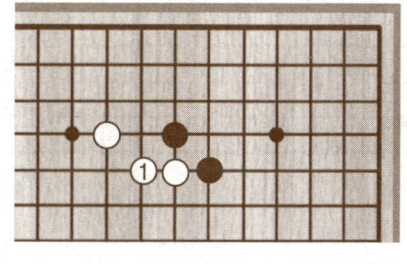

图5-27

26. 掞

在对方成"尖"形的两个子的交叉处下一子叫"掞"。如图5-28中的白1。

27. 渡

在棋盘的边线上（一般在三路以下），在对方棋子的底下放一子，把自己两部分被隔离的棋子连接上，叫"渡"。如图5-29的白1。

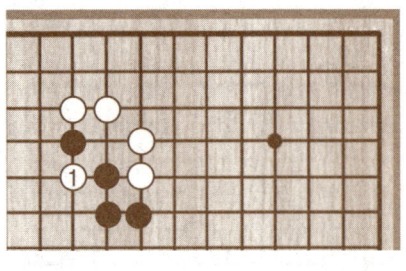

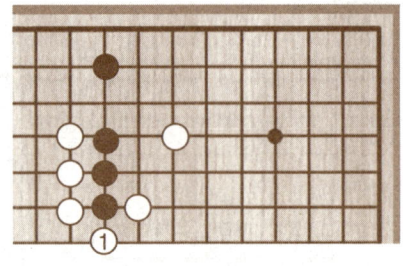

图5-28   图5-29

28. 碰

在对方棋子的旁边紧挨着下一子，叫"碰"。如图5-30的白1。

29. 点

在对方的要害之处下一子，叫"点"。如图5-31中的白1。

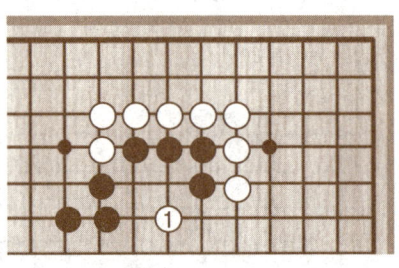

图5-30   图5-31

30. 打入

在对方控制的地方投子，叫"打入"。如图5-32中的白1。

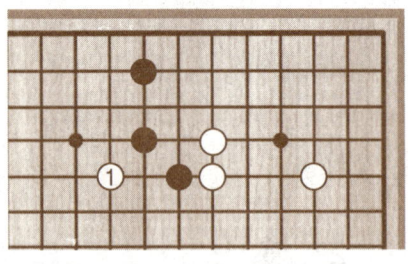

31. 打二还一

当一方提掉另一方2个子时，另一方可以立即回提1个子。如图5-33黑1

图5-32

提白2个子，图5-34白立即走1位，提黑1子，这即是"打二还一"。此外还有"打三还一"、"打四还一"，同"打二还一"一样，均可立即回提一子。它们都不属于打劫之列。

图5-33

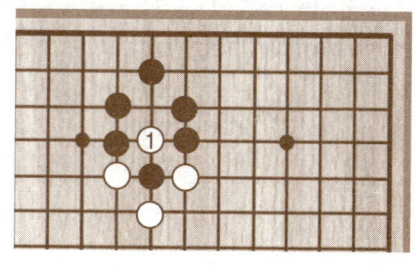

图5-34

32. 飞

从原有棋子出发，向"日"字形的对角上下一子叫"飞"（或小飞）。如图5-35中的黑1。比"小飞"多一路下子，即走到"目"字形的对角上，叫"大飞"，也叫尖顶。如图5-35中的黑2。

33. 跨

跨与跳很相像，但比跳更严厉。跨一般多用于切断对方小飞的形状，故有"飞要跨断"之说。如图5-36中的白1。

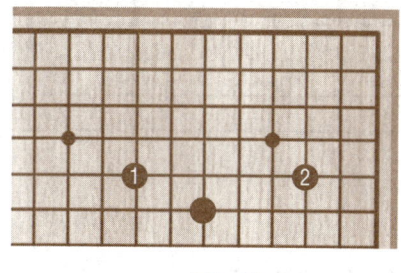

图5-35

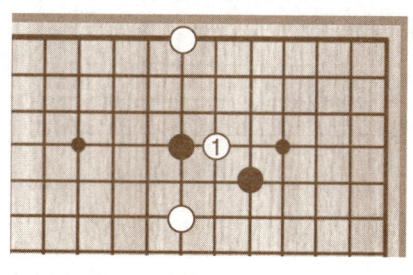

图5-36

34. 扑

故意往对方虎口里填子给对方吃的手段叫"扑"。如图5-37中的白1就是"扑"。

35. 爬

靠近底边的，同长一手相似的手段，叫做"爬"。如图5-38中的白1。

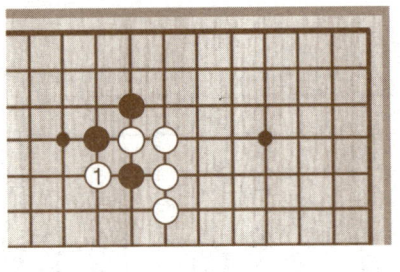

图5-37

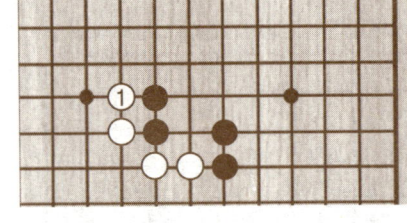

图5-38

36. 封

阻住对方中腹发展的出路，并且还把对方封于自己的包围圈之中，这样的手段称之为"封"。如图5-39白1。

37. 冲

从自己原有的棋子出发，向对方棋子的空隙冲击，叫做"冲"。如图5-40。

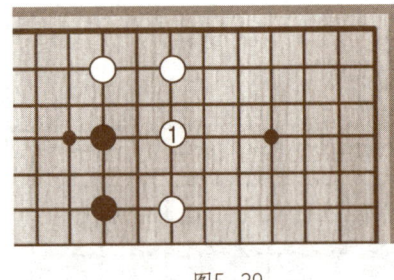

图5-39

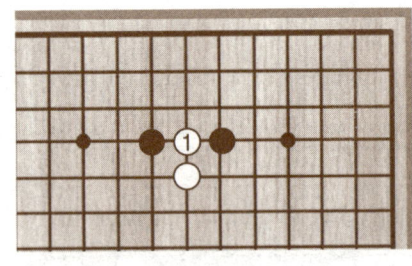

图5-40

四、常用围棋胜负判定法

围棋胜负的判定对于初学围棋者来讲很复杂，计算的方法也不止一种，在学胜负判定法之前，要了解一盘棋是如何结束的。

在对局的过程中，如有一方确定自己已经失败，不必再计算到底是输多少的时候，可以在右下角，棋盘的外面放两颗棋子表示认输，这种情况叫做"不计点胜"或"不计点败"，也称为"中局胜"或"中局败"，在

日本把这种情况称之为"中押胜"或"中押败"。

什么情况要弃子认输是没有定论的问题，基本上任何棋局都可以坚持到底，没有人能强迫你认输。但高手对局，到了局势已无可挽回的时候，硬要苦撑至最后，不但让对手难过，而自己也有失身份，实在没有必要。

如果真要坚持下去，那么一局棋要到什么时候才算结束呢？一局棋进行到最后的时候，棋盘上已经是密密麻麻的棋子，此时把黑白交界之处全部补满，于是双方的地域完全确定，就可以开始计算输赢了。

在开始计算之前，还有一个必要的程序，那就是要跟对方打个招呼，看对方是否同意结束。下棋不是我们想结束就结束的，一定要双方同意才可以结束，除非是一方愿意认输，那么棋局随时可以结束。

跟对方打招呼不需要开口讲话，只要拿起一颗棋子放在右下角棋盘外面，表示"虚手"建议终局，对方如果同意，也在棋盘外放一子，那么棋局就真正结束了。如果对方不同意，表示要继续坚持下去，建议终局的一方只好把虚手的那颗棋子拿起来，再继续下。如果是对方提议终局时，你认为还有棋可以下，当然可以继续下，因为终局一定要双方同意才可以。

明白了这些就可以了解以下围棋胜负判定的方法了。一般判定围棋胜负的方法有3种。

1. 比目法

比目法是我国最早的判定围棋胜负的方法。围棋东传日本是在唐代之前，因此日本1000多年的围棋历史里，始终是以比目法作为胜负的计算标准。后来围棋由日本传往世界各国，比目法也随之流传过去，因此，世界各地判定围棋胜负的方法也采用的是比目法。

什么是"目"呢？由活子所围成的空点就是目，一个空点是一目。一盘棋下完之后，看谁围的空点较多谁就获胜。目也称为"路"。比目法的特点在强调棋子的围地效能，没有围到空的棋子称为单官，在比目法里单官完全没有作用。

图5-41　角上黑棋有 8 个空点，也就是 8 目棋。

图5-42　黑1是无意义的一手棋，在比目法里角上黑棋现在只有 7 目了。换句话说，黑1不但没有增加空点，反而减少了自己的空。

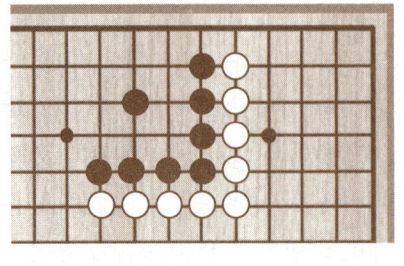

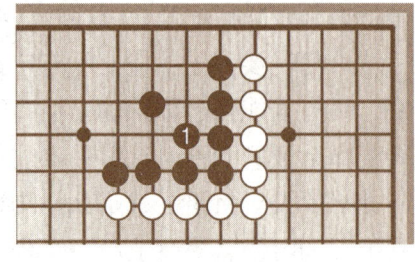

图5-41 图5-42

2.数子法

数子法比比目法有一个明显的优越之处，那就是死活可以用提取来证明。数子法的计算标准是把和棋所有的活子加起来，看谁活的棋子多谁就是胜利者。

图5-43 比目法黑棋是8目。

图5-44 黑棋一定要有两个眼才能活，去掉两个眼之后，黑棋总共活了14子。

图5-45 黑1虽然是无用之着，但无损于角上空域，黑棋下与不下都只能活14子。

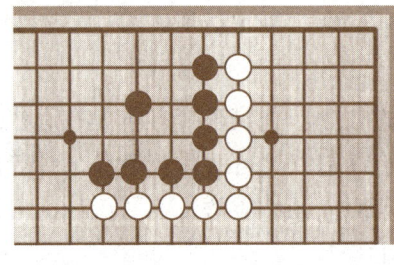

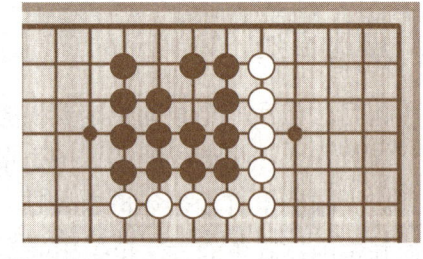

图5-43 图5-44

3.计点法

从表面上看计点法与数子法没什么两样，也是以棋盘总点数361为准，谁超过半数谁就获胜。一盘活棋中，棋子是一点，空也是一点。道理和数子法完全一样，但是

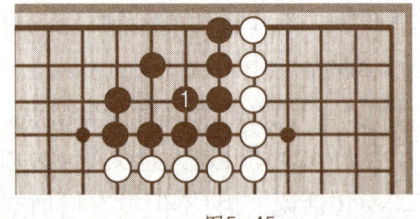

图5-45

计点法要较数字法精密些，计算时不会破坏棋形，也容易查证。

对初学围棋的人来说，利用计点法比较好，现在我们来看看计点法的计算方法。

图5-46　终局的棋形。使用计点法有一个准备工作，那就是下棋之前先把棋子算好。

19路棋盘，黑子180颗，白子180颗。

17路棋盘，黑子144颗，白子144颗。

15路棋盘，黑子122颗，白子122颗。

13路棋盘，黑子84颗，白子84颗。

11路棋盘，黑子60颗，白子60颗。

　9路棋盘，黑子40颗，白子40颗。

现在把棋子填满，但要注意保持棋形的完整，罐子里剩余的棋子都要拿出来填，如果有棋子没地方可摆，表示空不够大，输了；如果还有多余的空，就是胜利者。

现在黑棋多出3个空，白棋两颗子没地方摆，只好借用黑空来放，显而易见黑棋赢了，那么，黑棋是赢几点呢？黑子80颗全部放在棋盘上是80点，加上多出的3个空也是3点，黑棋总共有83点。

白子只有78颗棋子在棋上，所以白棋是78点。由此可知黑胜5点。

还有一个最简单的方法是：多出的棋子加上多出的空就是胜负的答案。

综合以上3种胜负判定方式——比目法、数子法和计点法，比较之下计点法最为实用。

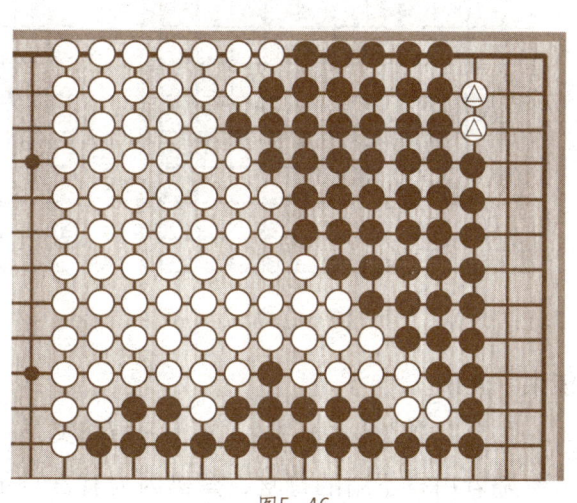

图5-46

第二节 吃子的方法

一、主动吃子

1. 征子

征子俗称"扭羊头"。

图6-1　白1打后，黑2长，白3如打错了方向，黑4长后就逃了出来。

图6-2　白3从这边打是正确的，随着白棋连续的打吃，黑棋最终只

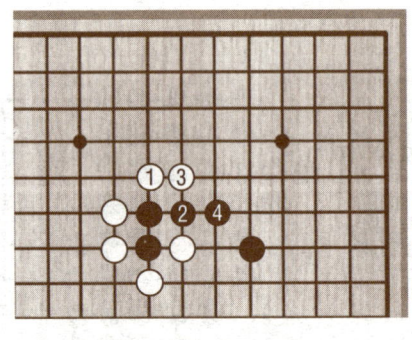

图6-1

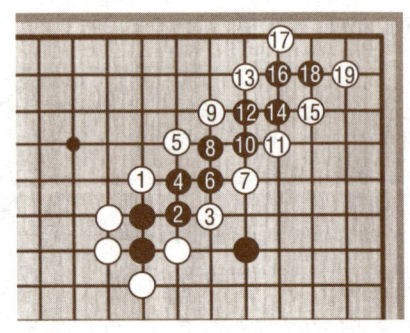

图6-2

能束手就擒。

　　如果有黑△在图6-3的位置上，那将又是一个怎样的情况呢？

　　随着白棋不断的打吃，黑棋因为有△一子的支援而得以逃命，如图6-4所示。

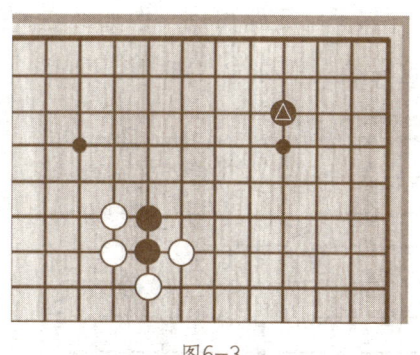

图6-3

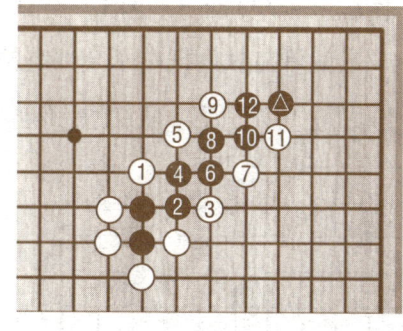

图6-4

2. 扑

在一些特殊的情况下，为了减少对方的气数，或者为了使对方成为假眼（几颗子住位1个点，这个点就叫做眼），有意送一子给对方吃，从而达到目的，收到很大的效果。这种走法的术语叫做"扑"。

图6-5　黑1下在对方的虎口中，送给对方吃，这种下法就属于扑，这种形状术语叫做"倒扑"。白2虽然可以把黑1这子吃掉，但气却被黑棋撞紧了。

图6-6　继前图，黑只需要在3位下一子，就可以把3颗白子吃掉。因此前图黑1倒扑后，3颗白棋已经被吃掉。

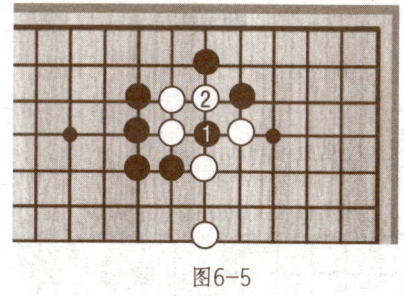

图6-5

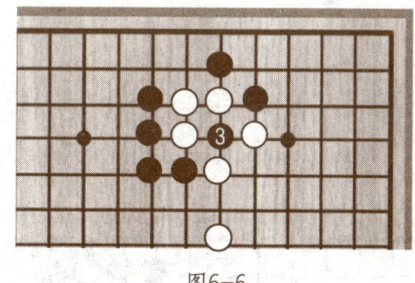

图6-6

3. 接不归

图6-7　黑棋想救出4颗黑子的唯一方法就是吃掉右方的4颗白子，如果此时不动，白棋一旦在"8"处下子连成一片，黑棋就无力回天了，所以黑棋必须先动手。

图6-8　黑1冲，白2挡，黑3打时，白4子已无路可逃，白如敢在A处接上，黑就可在B处把白子全部吃掉。这种情况就称为白棋"接不归"。

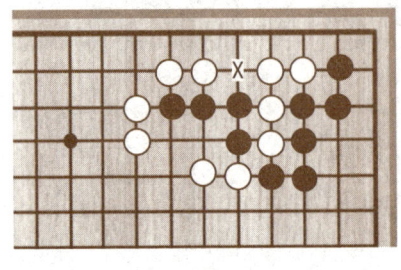

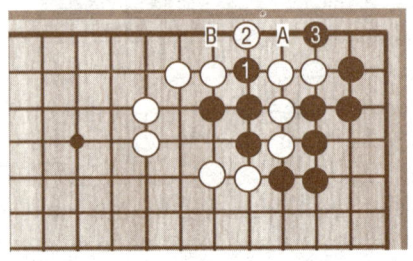

图6-7　　　　　　　　　　　　图6-8

4. 夹

图6-9　　白是有缺陷的一形，黑有什么有效手段吃白棋呢？

图6-10　黑1即是"夹"，这是杀白棋的有力手段。

图6-9　　　　　　　　　　　　图6-10

图6-11　白2立，黑3扑，白被杀。

图6-12　白改在2位粘，黑3打吃，白仍死路一条。

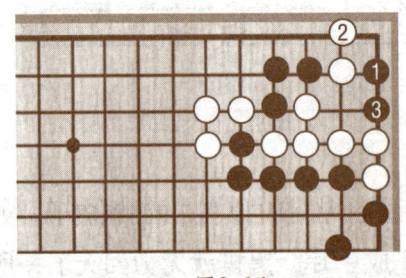

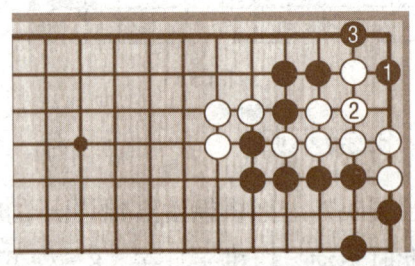

图6-11　　　　　　　　　　　　图6-12

5. 枷

"枷"又有一名称叫"门"。

图6-13　白一子因为有白△一子的呼应，所以黑棋无论在A位或B位打，都无法把白子吃掉。

图6-14　利用黑棋形的优势。黑1下出了一着妙手，白一子再也不能动弹了。黑1的这种手段就叫"枷"。

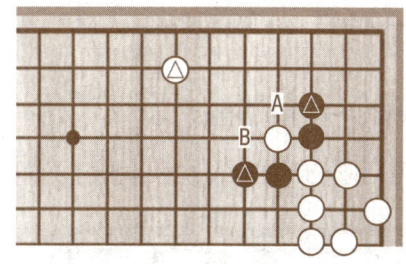

图6-13

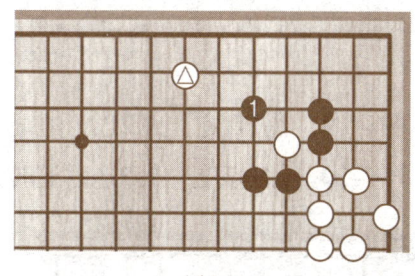

图6-14

图6-15　无论白2向哪个方向逃，都会被黑3封死。枷的方法虽不止一个，但目的却只有一个，那就是吃掉对方的棋子。

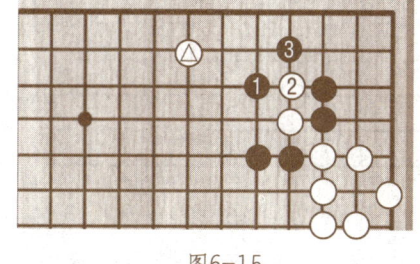

图6-15

6. 门吃、抱吃

门吃

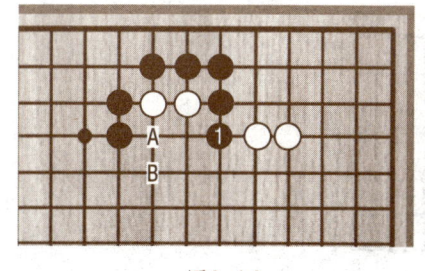

图6-16

图6-16　黑1打吃，白两子就不能再逃了，白如硬在A位长，那结果只会令它遭受更大的损失。像这样两边各一个子如同一扇大门一样的吃子着法叫"门吃"。

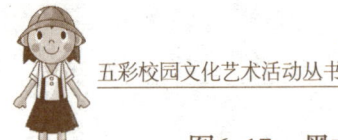

图6-17　黑方能吃到白子吗?

图6-18　黑怎样下才能吃到白子呢?

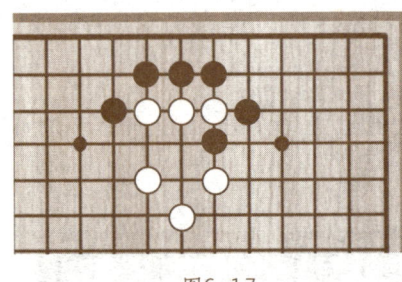
图6-17

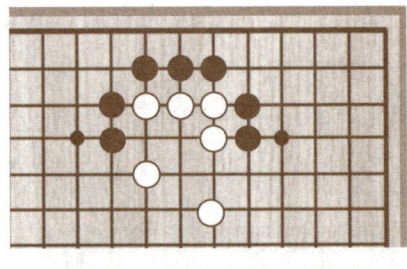
图6-18

图6-19　黑1打吃,白2连,这时黑可下3位门吃白棋5颗子。

图6-20　黑1打吃,白2连,这时黑3可门吃白5颗子,大获全胜。

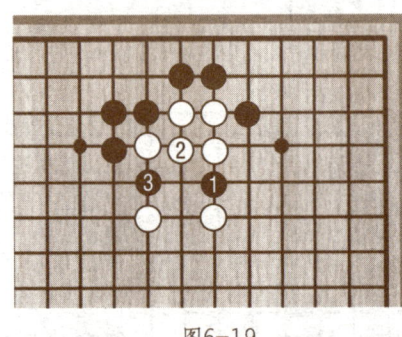
图6-19

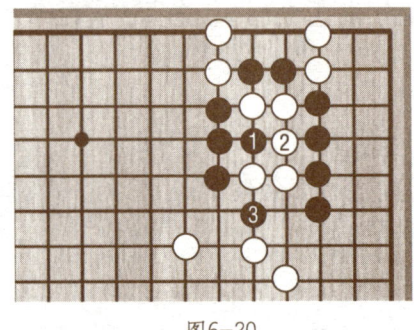
图6-20

抱吃

图6-21　这局势吃两个白子很容易,黑下1位即可吃住这两颗白子。像黑1这样类似伸出一只手把对方子抱住的吃子着法叫"抱吃"。

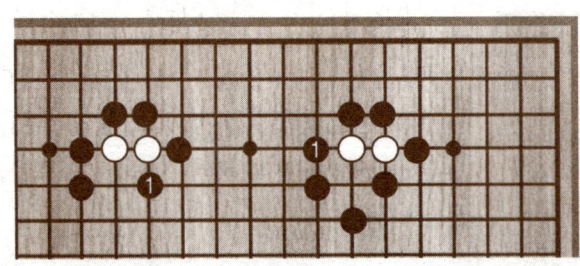
图6-21

二、被动吃子

1. 断

图6-22　黑两子有被吃掉的危险，然而白棋也不是无懈可击，双方如何利用当前的形势呢？

图6-23　黑1断是极佳的一步棋，恰好击中白的要害。

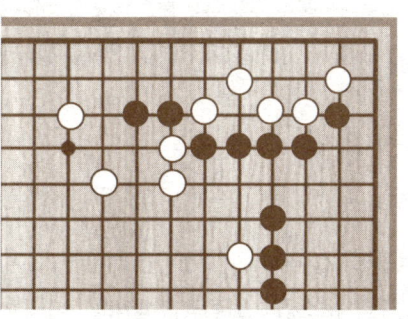

图6-22

图6-24　白如在2位打吃，黑3双打，至黑5提吃白一子，黑占利。

图6-25　对黑1的断，白采取抵抗的态度，然而黑有3位打吃。

图6-26　白6断吃，黑7滚打，至黑11止，白失败。

图6-27　黑如先打吃再断，次序就错了，至白6止，黑已无手段攻白。

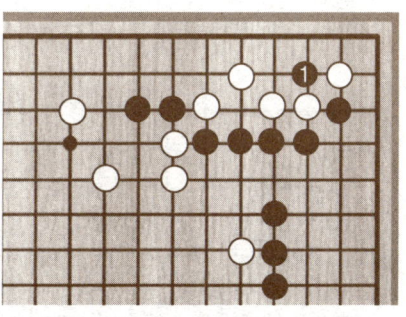

图6-23

图6-28　黑1粘是无能的表现，白2虎后棋形已无懈可击，黑失算。

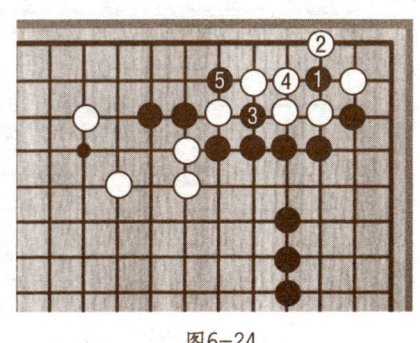

图6-24

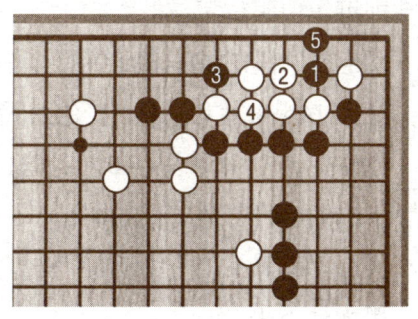

图6-25

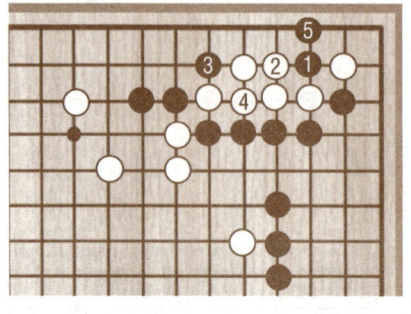

图6-26

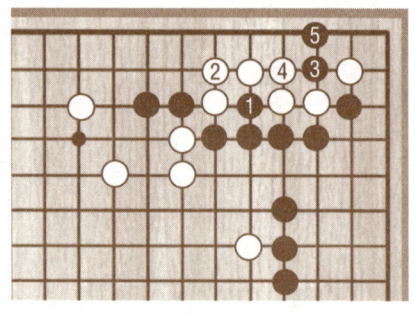

图6-27

2. 扳

图6-29　黑走法尽管不少，但佳点却只有一个，要慎重出击。

图6-30　黑1是简明的，也是唯一正确的点。

图6-31　白2粘时，黑简单地在3

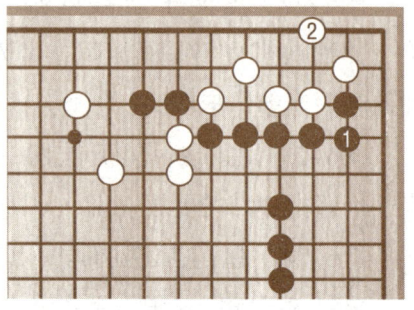

图6-28

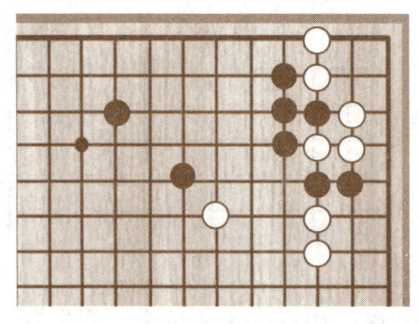

图6-29

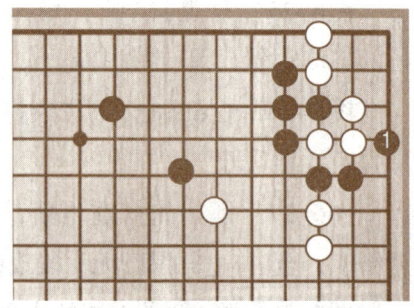

图6-30

位粘即可，白眼位不够。

图6-32　黑1时白若改走2位，黑3粘严厉，以后白A黑B，白B黑C，变化见下图。

图6-33　白4断，黑在5位扑吃，白6则黑在7位打吃，白没气了，净死。

图6-34　黑1立下无理可讲，白2粘，黑无处下手。

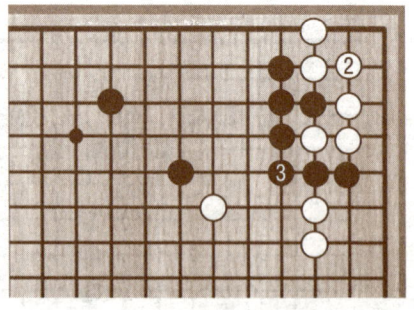

图6-31

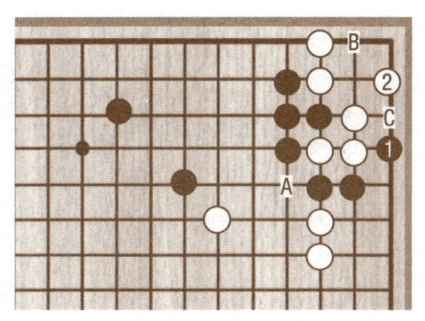

图6-32

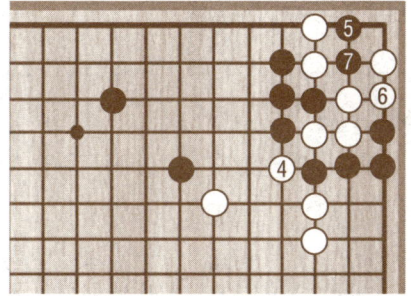

图6-33

图6-35　　黑3粘是当然的，白4在角上做眼，黑A时白B，白棋活了。

图6-36　　这是实战中常遇到的问题，黑不能给白一丝喘息的机会。

图6-37　　黑1是容易想到的，关键是下面的手段。

图6-38　　白2时，黑3严厉。

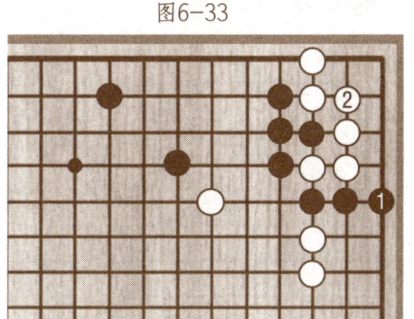

图6-34

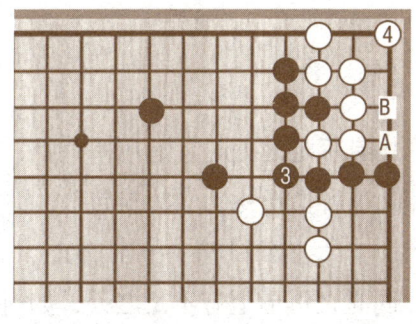

图6-35

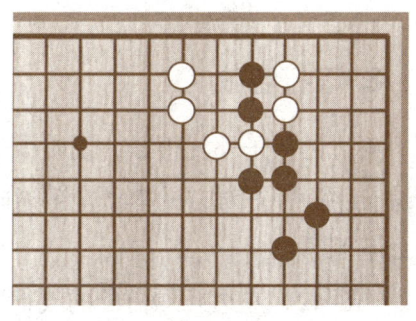

图6-36

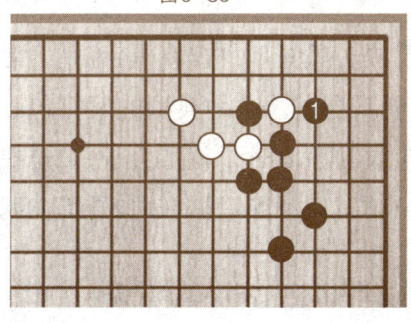

图6-37

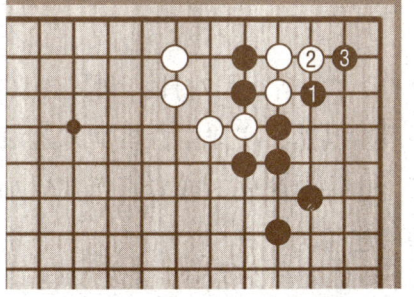

图6-38

图6-39　白4黑5交换，白6打吃，黑7长出（好棋），白8打吃，黑在9位紧逼。

图6-40　黑在11位扑后于13位粘，白没气了，黑胜。

图6-41　黑1改从下面夹，白2和4后黑被击溃。

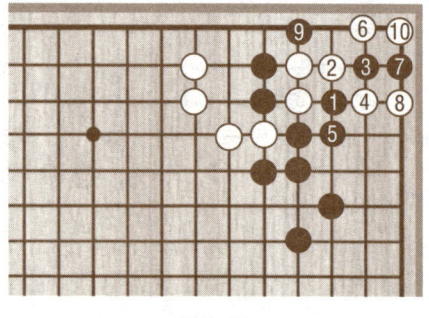

图6-39

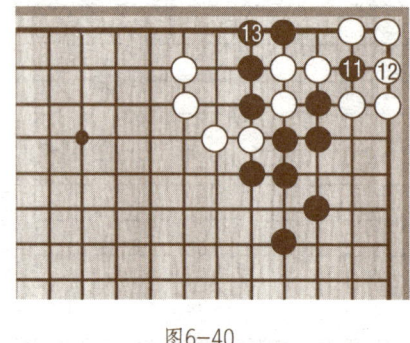

图6-40

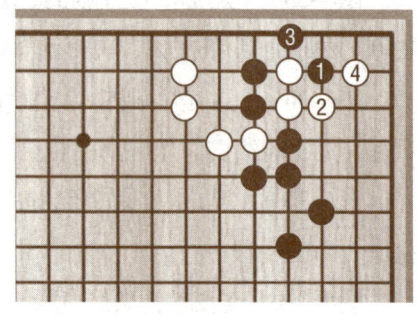

图6-41

3.滚打包收

对方的棋子外气很紧，同时棋的连接有不足之处时，运用一些扑、打等综合手段，把对方的棋子全部通吃掉，这种情形称为"滚打包收"。请看如下例子：

图6-42　左边几颗白子的气很紧，同时在棋形上有不足之处，如何吃掉它，而使上下的黑子连成一片呢？

图6-43　黑1扑，妙手。白2不得已提，黑3打。白4在黑1位粘，黑5再打，白6粘，黑7打时，黑已把白子全部吃掉，这是典型的滚打包收的手段。当然，实战中白棋如知道滚打包收的手段时，就不会于白2位提黑了，也许会脱先，或者直接在6位或7位粘，这时黑只需在白2处提白两子即可连通。

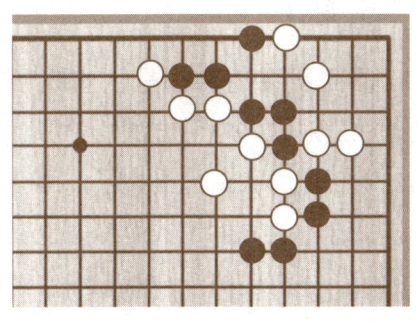

图6-42

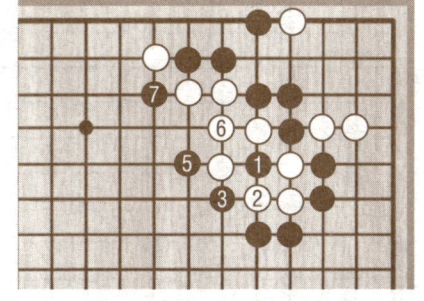

图6-43

图6-44　黑先，能否吃掉白△3子？

图6-45　失败图。

图6-46　黑1扳很关键，当白2打时，黑3不接，而在一线打是要点，白4提，黑5继续打，白6粘，黑7再打时，白棋6子全被滚打包收。黑成功。

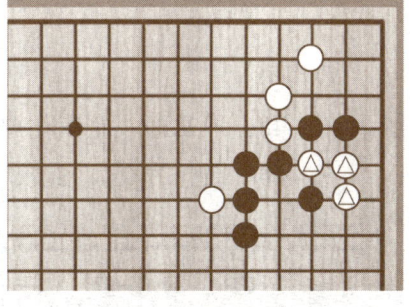

图6-44

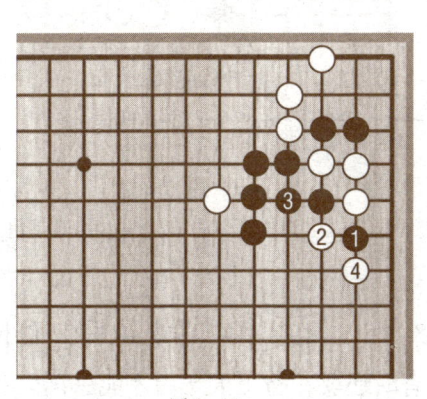

图6-45

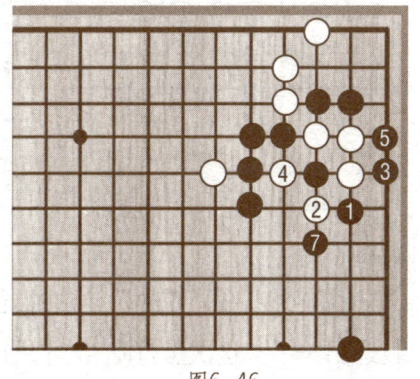

图6-46

4. 金鸡独立

自己一方的棋子虽然被对方围住，但对方两边都不入气而只能等死的情况叫"金鸡独立"。

图6-47　黑1叫吃白棋3子，白2接，黑3接后，白棋两边不入气（否则就形成白棋自杀的情况），这样的情况就属于金鸡独立，结果是白棋全死。

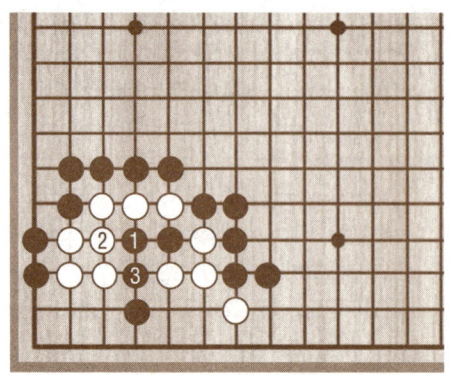

图6-47

5. 逃子

前面所讲述的都是一些吃子方法，通过对这些吃子方法的学习，我们的吃子能力大大地提高了。两个人下棋，你吃对方的子，而对方也要吃你的子。当自己的子被对方围住时就要想尽办法解困出去。

利用打吃

图6-48　白△断，企图吃掉一个黑子，黑应怎样解救呢？

图6-49　黑1打吃，白2长，这时黑3利用连就可以解困出去。

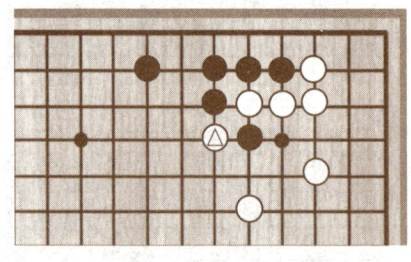

图6-48

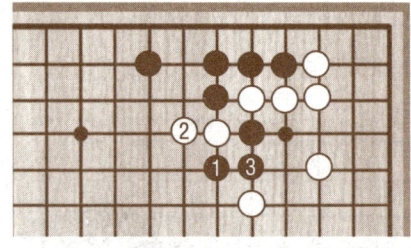

图6-49

图6-50　白棋用封的方法把3颗黑子罩在里面，黑子有什么办法可以解困？

图6-51　黑1"冲"，白2挡住，黑3、5、7连续打吃3次，最后在9位长就逃出去了。这次黑打吃3次才逃出，但有时还要花费更大气力才能逃出。

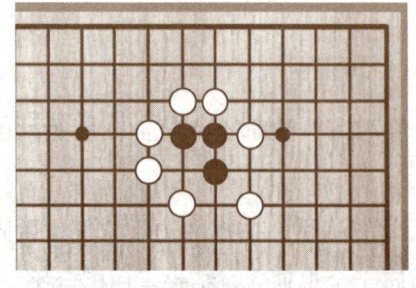

图6-50

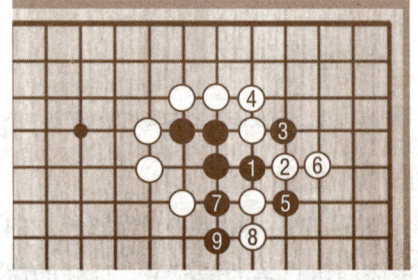

图6-51

利用门吃

图6-52　黑怎样解救将要被围困的两子？

图6-53　失败图。黑1打吃，白2连，黑3虎，这时白4可吃黑倒扑，黑失败。

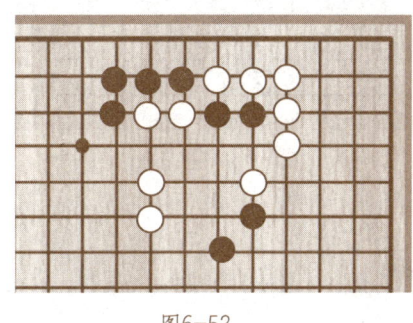

图6-52　　　　　　　　　　　　　图6-53

图6-54　黑1长是比较理智的一步好棋，准备在A位门吃两颗白子，白2"双"，黑3长刚好是虎口，这样黑子就逃出去了。

图6-55　黑1长，白2冲，黑3长，白4再冲，黑5再长，准备门吃白两子，白只好下6位，这时黑7连回。

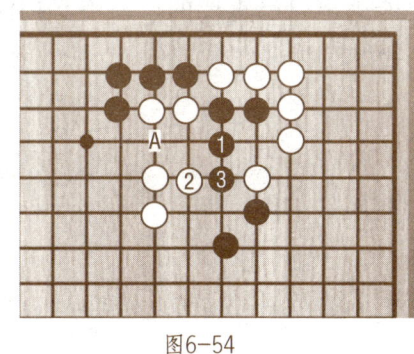
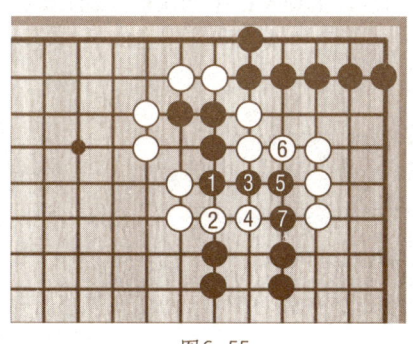

图6-54　　　　　　　　　　　　　图6-55

利用倒扑

图6-56　黑棋被围的两个子怎样逃脱出来？

图6-57　失败图。黑1扑，白2提，黑3打吃，白4连，黑5连，白6可吃住黑子。黑逃子失败。

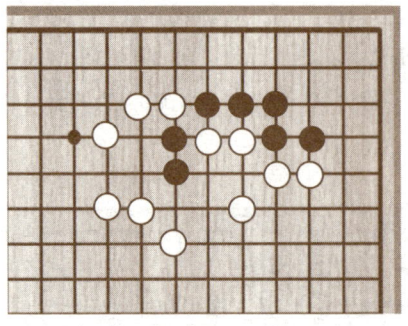

图6-56

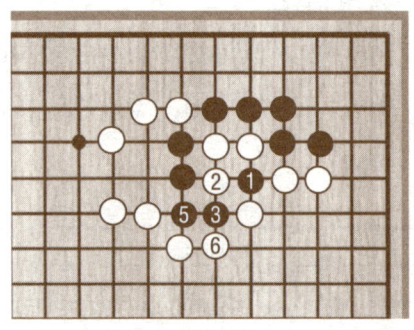

图6-57

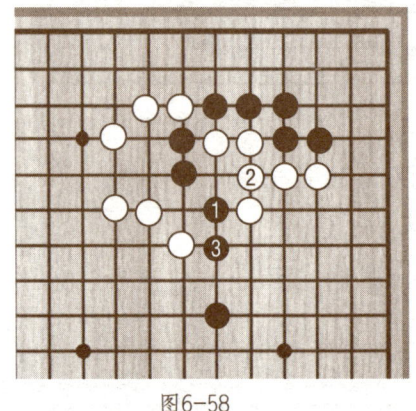

图6-58

图6-58　黑1"尖"，准备吃白两子倒扑，白两子好连，这时黑3长出逃子成功。

逃子要和吃子着法紧密配合才行，只有熟练地掌握吃子着法，才能使逃子的手段更高明。当然逃子方法不止以上3种，在实战中要灵活变动，只要能逃出自己重要的子，不必拘泥于形式。

第三节 死活棋形

一、死活棋基础

1. 真眼与假眼

前两章所讲述的都是有关围棋的基本知识或基本原则，并没有把实战时的各种因素考虑在内。例如，前面所提的好几个例子，在围杀一团棋子的时候，可以连续排下很多棋子把它围住，但实际对弈时必须遵守"黑白交互下子"的原则，所以要对围棋的下法有重新的认识。

图7-1　　中排成直线的棋子是连接在一起的。

图7-2　　斜向排列的棋子呢？暂时无法断定它是连接在一起或被切断。

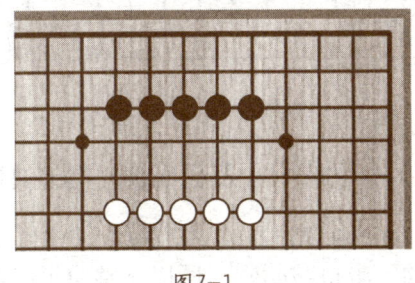

图7-1

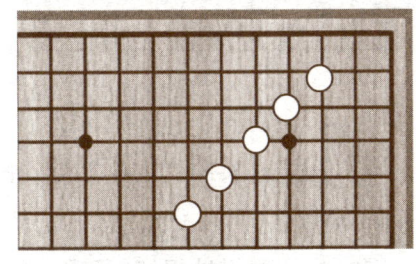

图7-2

图7-3　　被黑棋占到 1 、2的位置，白棋就被切断。但是黑棋要连续下完1、2两手才算数，但在实际的对局中，连下两手的情况不会发生。

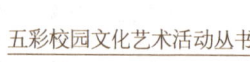
图7-4　　黑1时白2（若黑1改下2处，则白2就下1处），黑3时白可以在4处接。以下黑5、白6、黑7、白8，结果白棋还是可以全部连接在一起。

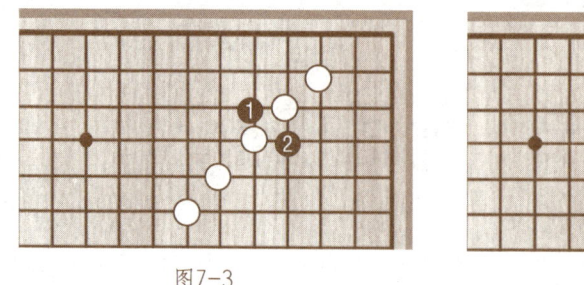

图7-3

图7-4

2. 死棋与活棋

图7-5　　图中被白棋团团围住的两块黑棋都是无论怎样都无法杀死的活棋，也就是典型的"有两眼的活棋"。

图7-6　　那么这一块黑棋如何呢？好像和前图很相似。

图7-5

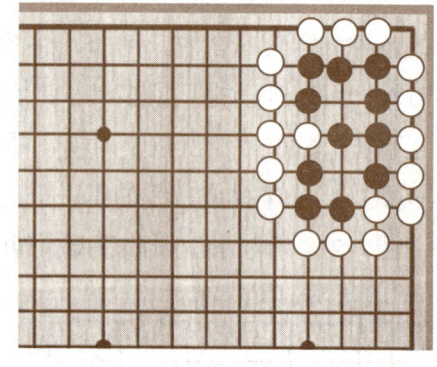

图7-6

图7-7　　其实两者大不相同，图7-8的下方3颗黑棋已经被叫吃，白棋可下白1提掉这3颗黑子。

图7-8　　黑棋被提掉3子后，剩下的一半也被叫吃，所以这整块黑棋应该是死棋。

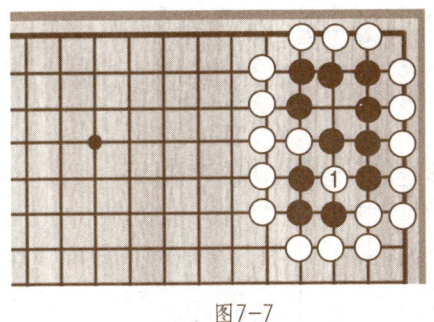

图7-7

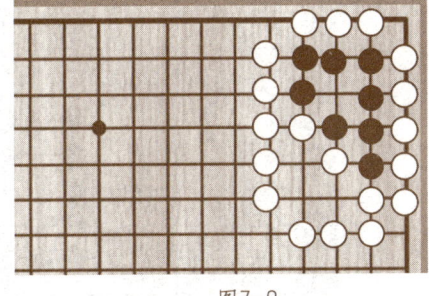

图7-8

3. 大眼与小眼

前面的眼的知识看起来简单，但在实际对局中，眼的形态千变万化，很容易被迷惑，因此需要加以区分，把握棋局变化。如下节的大眼和小眼，其实都是一眼，如果不搞清楚，在实战中就难以把握。

图7-9　　同样是一个眼，却有大小之分，右边的3个眼是标准的小眼。

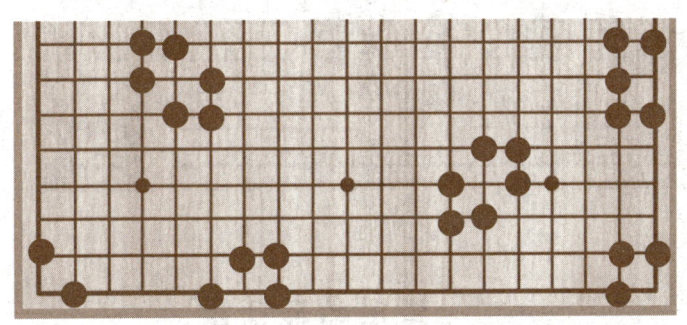

图7-9

图7-10　这里被白棋分别围住的4块黑棋也都是一个眼，却是大眼。通过紧气，大眼最终越变越小，直至被吃。

图7-11　通过白棋不断往黑棋大眼里投子，逼迫黑棋提吃白棋，使得大眼越变越小，所以后来的结果只能是黑棋等待白棋慢慢来吃。

图7-10

图7-11

二、常见的死活棋

棋力的高低与辨别死活棋的能力有一定的关系，为此要熟练地掌握一些死活棋的基本型，这样再见到这些棋形很快就能得出是死棋还是活棋的结论。

1. 直三

图7-12　白棋内围了一条直线3个点，黑先，白棋是死棋还是活棋呢？这问题很好

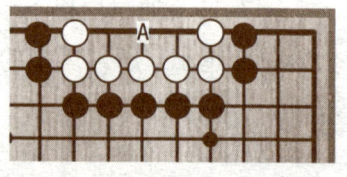

图7-12

解答，黑先在A位一点眼，白棋就死定了。这样的棋形叫"直三"。

2. 曲三

图7-13　黑先，被围的白棋是死是活呢？黑下A位，就把白棋点死了，这种棋形叫"曲三"。

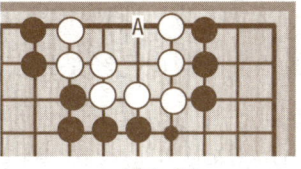

图7-13

3. 直四

图7-14　白棋内围了一条直线4个点，黑先，白是死是活？在此图中，黑在A位点眼，白可下B位做成两个眼；黑在B位点眼，白可下A位也能活棋。总之，白是活棋，这样的棋形叫"直四"。

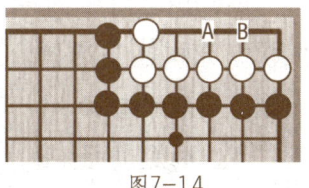

图7-14

4. 曲四

图7-15　白棋内围了4个点，同样黑也无法杀白，这样的棋形叫"曲四"。

5. 丁四

图7-16　白棋内围了丁字形4个点，黑先在A位点眼，白棋只能做一个眼就被杀死了，这种形状叫"丁四"。

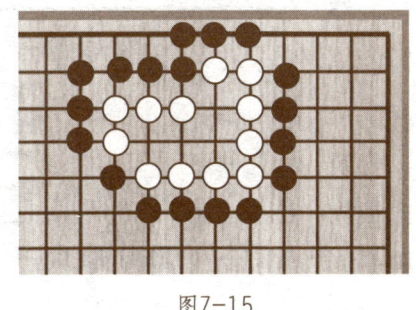

图7-15

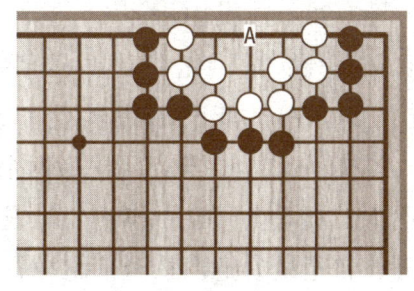

图7-16

6. 方四

图7-17　白棋内围了方形4个点，这时黑棋不用点眼白已经是死棋形了。这是因为白棋在4点中任何一点下子都会变成"曲三"，那时黑棋再点眼也来得及，这种棋形叫"方四"。

图7-17

7. 梅花五

图7-18　白棋内围了十字形5个点，白棋是死棋还是活棋？黑棋先在中央A位点眼就可把白棋杀死，这种棋形叫"梅花五"，以后黑棋可在B、C、D位下3颗子，当白棋提掉四颗黑子之后是"丁四"，黑棋再点眼，最后总可以把白棋全提掉。

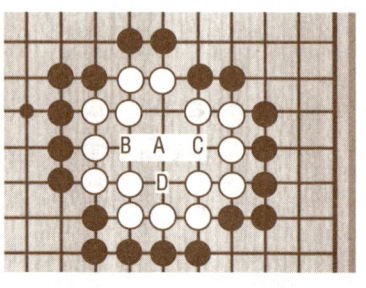

图7-18

8. 刀五

图7-19　白棋内围了5个点，形状极像一把菜刀，因此形象地称它为"刀五"。黑棋先在A位点眼白棋就被杀死了。以后黑棋可在白棋内做成丁四，再缩小成直三，直至把白棋吃掉。

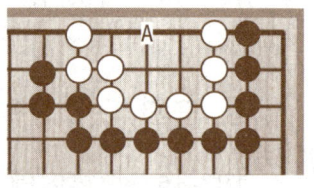

图7-19

9. 葡萄六

图7-20　白棋内围了6个点，那它最终能否被杀死？黑棋先在A位一点眼照样能杀白棋。以后白棋如下B，黑棋可下C，白棋下C，黑棋可下B，白棋都无法做两个眼。白棋如不下，那黑棋可在白棋内先做成刀五或梅花五，直至最后把白棋全部吃掉，这种棋形叫"葡萄六"。

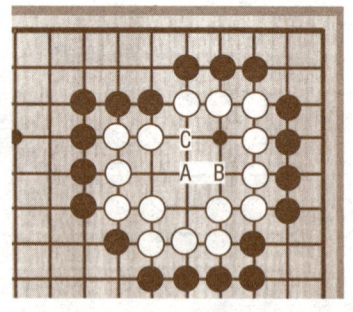

图7-20

从上可知，直三、曲三、丁四、方四、刀五、梅花五、葡萄六是死棋型，直四、曲四是活棋型。

三、死活棋基本着法

1. 点眼

棋盘上所有的交点都称为目，而四周都被围住的目称为眼。现在以三目、四目、五目、六目等方面对点眼这一着法及应用前景作简单的介绍。

图7-21　上方被黑棋围住的两块白棋都是活棋，而下方被白棋围住的两块黑棋都是死棋。

图7-22　图中表示有两眼的两种类型，但其中两个眼是否分别存在，对棋子的死活起着至关重要的作用。

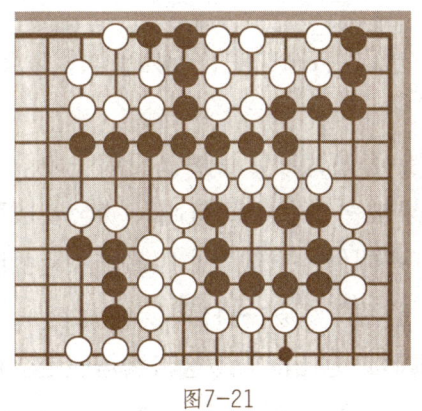

图7-21

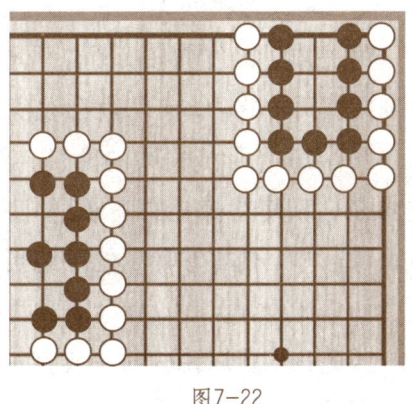

图7-22

图中左下方的黑棋有两眼，所以是活棋，那么右上方的黑棋也是活棋吗？

图7-23　其他也有曲三的类似棋形。

图7-24　图中的两块棋，如果轮到黑棋下子，则黑棋可在1处下子，如此便造成两眼而成为活棋。可是，一般讨论这种棋形是活棋或死棋时，

往往是轮到对方下子，所以这两块黑棋都会因轮到白棋下子而变成死棋。

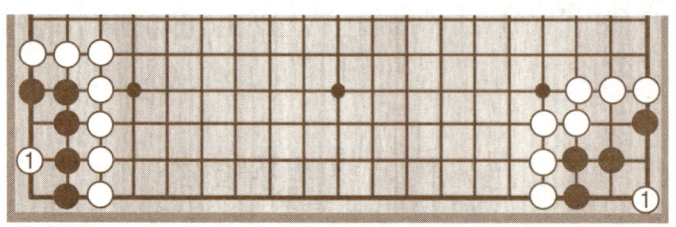

图7-23

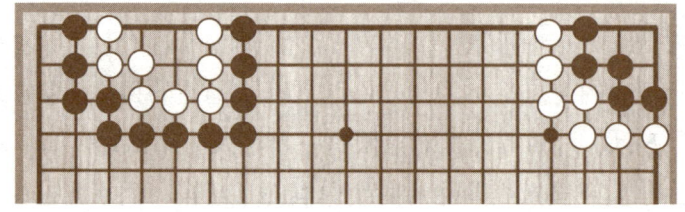

图7-24

试演如下：

图7-25　如果黑棋在A处下子，整块黑棋就会被叫吃而被白棋提掉，这么一来黑棋便无从下手了。

另一方面，白棋可按图右下方的方法以白1来叫吃，但如果黑棋以黑2吃掉白棋两子的话，形势就会改变。

图7-26　形成直线的两目，然后如前述，白A、黑B变成一眼。如此看来，纵使黑棋是曲三或直三，如果被白棋在中间点眼，就会变成死棋。像这样，白棋在黑棋的围地当中下子叫做"点眼"。原来有三目的眼形，如果被敌方点眼，就会变成两目，最后再变成一目而仅剩一眼。

因此我们可以说"曲三或直三的棋形必为死棋"（这当然是假定会被敌方点眼）。

图7-25

图7-26

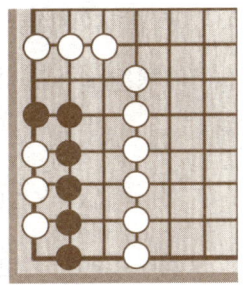

图7-27

图7-27　　3颗白子在黑阵内。

黑棋虽然随时可把3颗白子提掉，但马上又会被白棋点眼，最后变成一眼而不能活，所以这块黑棋便算是死棋。

2. 攻杀

互相围攻的场面称为攻杀。

图7-28　　观察此图，中间的3颗黑子和3颗白子，都不和外侧自己的棋子相连，现在来判断双方这3颗棋子的生死。就结论而言，双方的3颗棋子都不是活棋。

图7-29　　如果轮到白棋下子，白棋可在白1下子，接着，黑2、白3、黑4时，白5提掉3颗黑子。

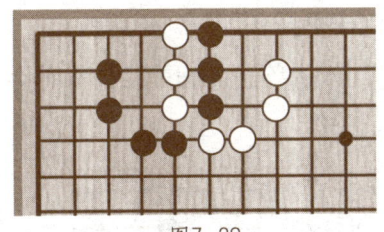

图7-28

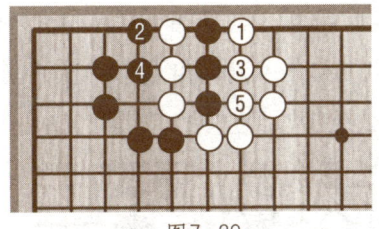

图7-29

图7-30　　与此相反，如果轮到黑棋下子的话，黑棋也可如法炮制，提掉3颗白子。总之，双方的3颗子都不是活棋，所以早一步把对方棋子杀死的一方才能得胜。

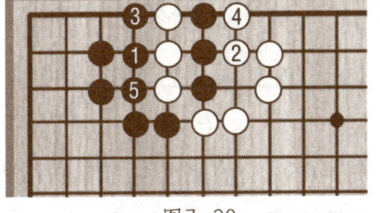

图7-30

149

白棋下子总共需要3手就可把黑棋致死。同样的，黑棋也可用3手来提掉3颗白子，因此这场攻杀是3气对3气，谁能先下手，谁就可以获得胜利。

3. 有眼杀无眼

图7-31　　这也是攻杀的例子，照前面的说法，应先算一下双方的气数还剩多少。

经计算可以发现黑棋有四气，而白棋计算起来就比较困难，表面上它是剩下3气，但实际上是不是如此呢？

图7-32　　因为黑棋不能直接下在3处，所以必须先下黑1，这么一来白棋也应该算是4气。白棋有4气，黑棋也有4气，而现在由黑棋先攻，照理说黑棋应该赢才对，但是当双方下到白4时……

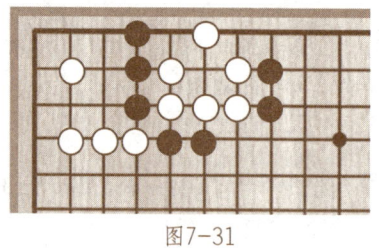

图7-31　　　　　　　　　　图7-32

图7-33　　黑棋如下黑A，就会被白棋以白B提掉，原因何在呢？

图7-34　　我们再重来一次，黑棋在被禁止的内气上先下黑1，看看会有什么结果？经过白2、黑3、白4……仍是黑棋输。

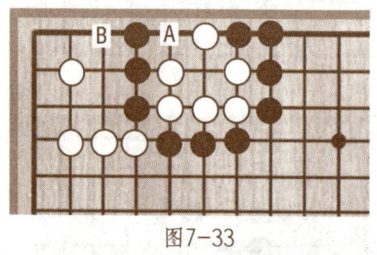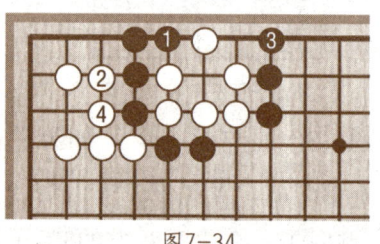

图7-33　　　　　　　　　　图7-34

图7-35　　假定图中的黑白双方要攻杀，因为黑棋有4气而白棋只有两气，就算白棋有3气，仍然会输。

图7-36 原因是这样的：

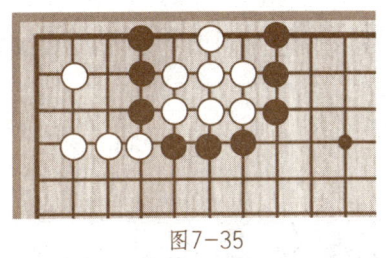

图7-35

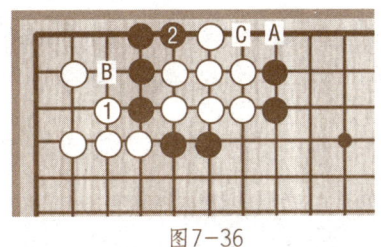

图7-36

白1围攻时，黑棋可以不加考虑地以黑2叫吃白棋，如果白棋继续以B紧气，黑棋便随时可以把白棋提掉，所以获胜的一方必是黑棋。反言之，黑棋改由外气进攻，以白1、黑A、白B、黑C的顺序攻杀，黑棋一样会赢。但图7-32的例子黑棋败的原因又是什么呢？

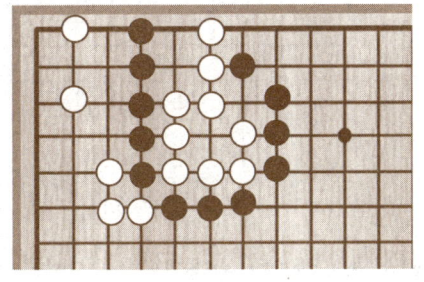

图7-37

图7-37　此例黑棋有6气而白棋有5气，按理说不必去理会，黑棋也应获胜才对。

图7-38　如果由气较多的黑棋先下，应该会多两气而胜白棋，可是经过黑1、白2、黑3，再进行到白4、黑5、白6时……

图7-39　演变成这种情形。如果黑棋继续以A紧白气，就会被白棋以白B提掉，其原因何在呢？这是因为白棋有一眼而黑棋无眼之故，这种情形便称为"有眼杀无眼"。

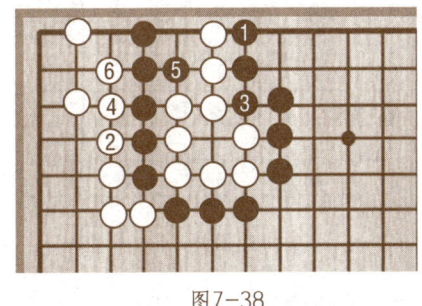

图7-38

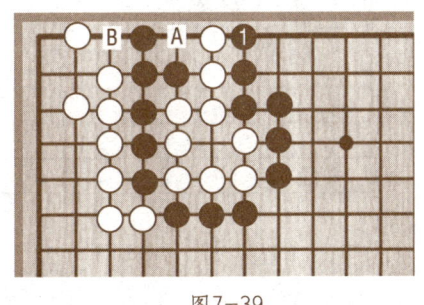

图7-39

4. 双活

图7-40 双方下成这种攻杀的场面时，不论轮到谁下子都没有什么影响了。现在假定轮到黑棋下子。

图7-41 如果黑棋以黑1从内侧紧气，就会被白棋以白2叫吃。

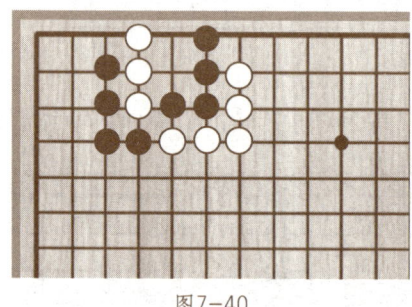

图7-40　　　　　　　　　　　　图7-41

图7-42 那么，假如让白棋先下，白棋若由内侧以白1紧气，同样会被黑棋以黑2叫吃，照这样看双方都不能先紧内气。

图7-43 如要到黑棋下子，要由外侧以黑1来紧气，接着白棋也会以白2从外侧紧气。

图7-42

图7-44 就算白棋先下，也要如图示，由白1来紧气，而黑棋当然以黑2应，结果和前图相同。

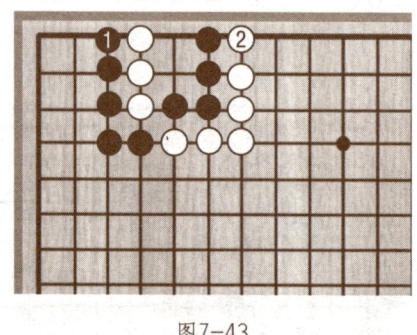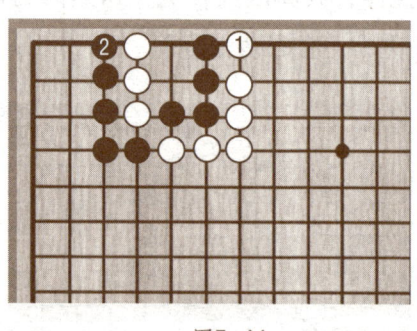

图7-43　　　　　　　　　　　　图7-44

图7-45 换句话说，双方若下到这种情况，以后任何一方只要先

下A，就会被对方以B提掉；当
然若先下B，也会被对方以A提
掉。这样后出手人反而占到便
宜，所以黑白双方都不愿继续进
行，这种状态便称为"双活"。

在实际比赛中出现此情况
时，该如何处置呢？答案是双方
都维持现状直至结束。这种情形

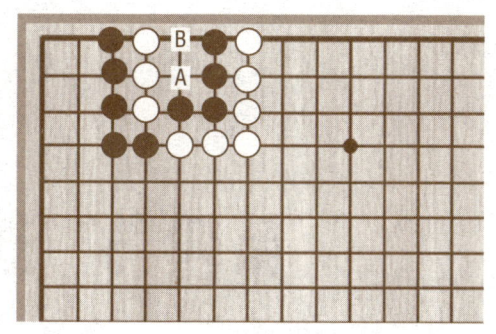

图7-45

虽然违背"拥有两眼的棋子是活棋"的原则，可是因为双方都不能杀死对
方，所以仍算是"活棋"。不过，造成双活的条件，必须双方共有的内气
有两处以上才可。如果全无共有的内气，双活局面是不会出现的。

第四节 劫的知识

一、劫的定义

围棋的对局有一个与众不同的要求，那就是棋局结束一定要双方同意才算真正终结。因此有禁着的限制，就是避免有一方赖皮，故意拖延时间，以自尽来阻碍棋局的进行。

但是，还有另外一种情形同样会令棋局无法进行，那就是反复提取棋子。因此在围棋的规则中，把棋子的反复提取称为"劫"，当然有规则上的限制，先来看看具体什么是劫。

图8-1 （1）白1下后，造成对方气尽，可以把黑子提取。（2）此时黑不能下在2位提取白子，否则棋局永远无法结束。

图8-2 白1下后，造成双方气尽，可以把黑子提取。

图8-3 此时黑可以下在2位提取白四子，因为提取后棋局已产生了新的变化，棋局可以继续进行。

对劫的解释，简单地说"一对一的双方气尽"就是劫。因为一对一的双方气尽

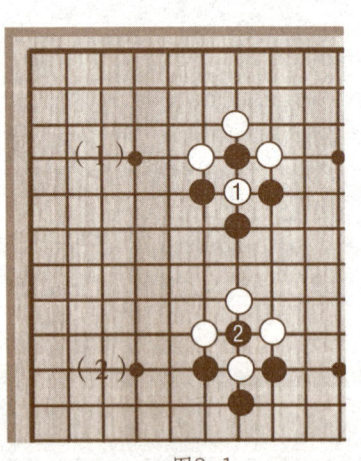

图8-1

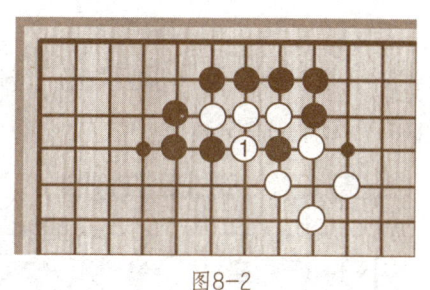

图8-2

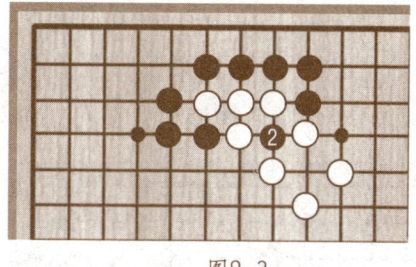

图8-3

会造成反复提取，妨碍棋局进行。如果提取之后，棋形改变，则对棋局进行没有影响，就可以不受任何限制。

二、劫的种类

1. 单劫

劫的胜负不影响其他棋，即只有关系到一个子得失的劫就叫"单劫"。

图8-4、图8-5　　黑1提就是单劫。

单劫一般是收官子的阶段打。不要轻视单劫价值，有时在盘面很细的局面将决定一盘棋的胜负。

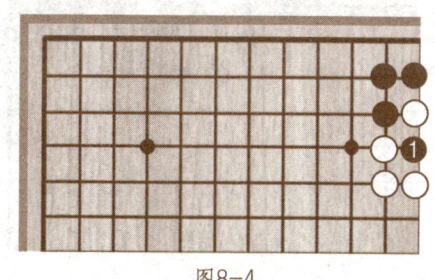

图8-4

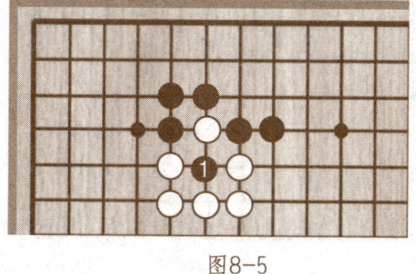

图8-5

2. 生死劫

能影响到双方多颗子的得失，同时对全盘的胜负起重大作用的大劫，就叫"生死劫"，也可以称之为"天下劫"。

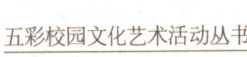

图8-6　　　黑1提，形成生死劫。

图8-7　　　白如果没有合适的大劫材时，黑3便不顾一切地粘上。这样黑即可以救活两块黑棋，还可以杀死白棋，可谓一举两得。

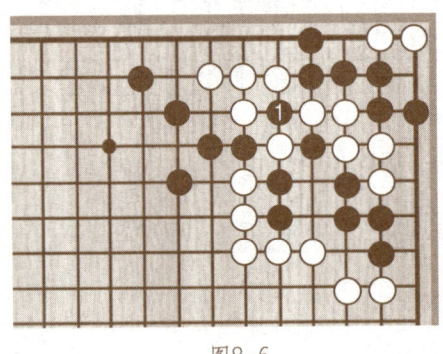

图8-6　　　　　　　　　　　　　　图8-7

图8-8　　　如果白有合适的大劫材，黑就避酗赞濒处应一手，白4便可回提劫了。

图8-9　　　白提劫后，如果黑没有合适的大劫材时，白6也会不顾一切地粘上。白在救活自己一块棋的同时，还可杀死黑两块棋，白大胜。

从例子中可以看出，此劫谁胜谁负对于双方来说都有极重大的影响，很可能关系到这盘棋的胜负，所以说此劫是生死劫。

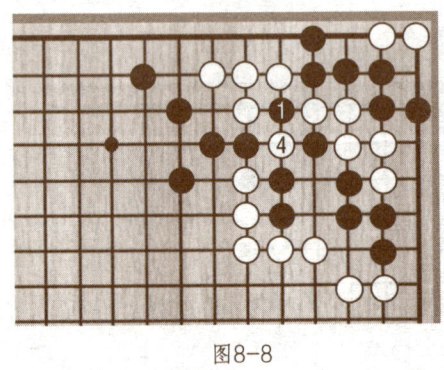　　　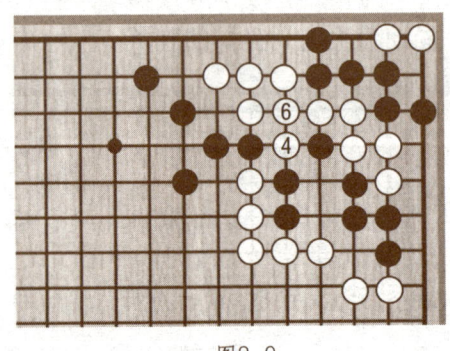

图8-8　　　　　　　　　　　　　　图8-9

3. 无忧劫

劫的胜负影响不到自己一方的劫就叫"无忧劫"。

图8-10　　　黑1提，形成打劫。黑如劫胜，可吃掉白5颗子；如劫负，也

只是让白救走自己的子，影响不到自身。所以此劫对黑来说就是无忧劫。

4. 紧气劫

提劫后打吃对方的劫叫"紧气劫"。

图8-11　黑1提劫，同时打吃对方5颗子，这样的劫就叫紧气劫。

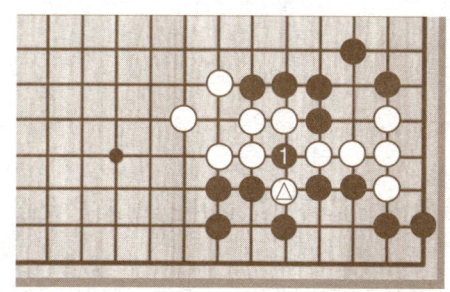
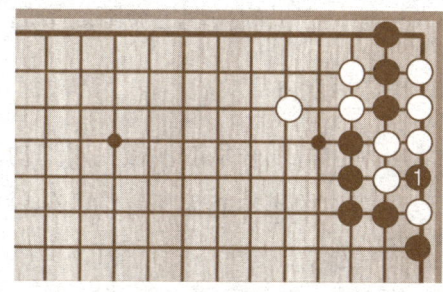

图8-10　　　　　　　　　　　图8-11

5. 缓气劫

提劫后还需要再紧气才能打吃对方棋的劫叫"缓气劫"。

图8-12　黑1提劫，下方6颗黑子由一口气变为两口气，所以此劫对黑棋来说就叫缓气劫。

6. 先手劫与后手劫

产生劫之后先提劫的一方为先手劫，对方即是后手劫。

图8-13　白一子紧气打吃黑3颗子时，黑1提劫，这时黑就是先手劫，白再回提打劫时就是后手劫。

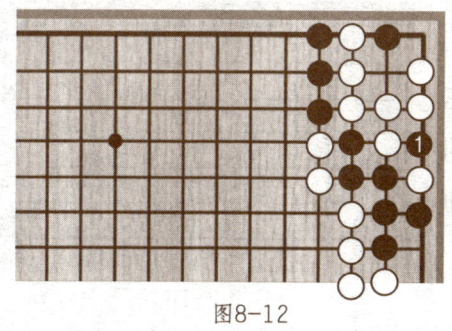
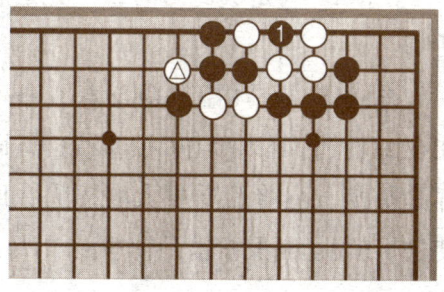

图8-12　　　　　　　　　　　图8-13

三、劫的运用

初学围棋的人很不愿意打劫，嫌麻烦，实际上打劫是一件非常有趣的事，一旦你学会在实际中运用劫与对手周旋时，就会感觉到劫所带来的极大乐趣，弈棋的兴趣也会随之增加。

1.劫活

利用打劫来争取活棋就叫"劫活"。

当你的棋不能无条件活，你就应考虑一下是否可以运用打劫来扩大眼位而活棋。

图8-14　当白1打时，如果黑2老实地粘上，白3长，黑因没有两个眼而死。

图8-15　此时黑2挡才是正着，用打劫的方式来争取做活。

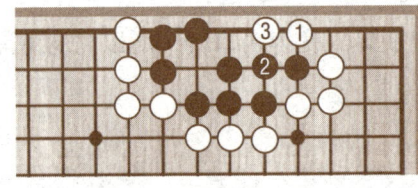

图8-14

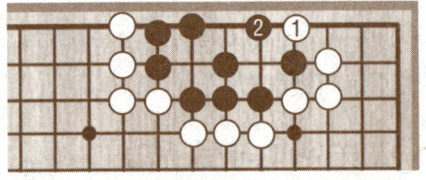

图8-15

图8-16　此时白活棋的唯一方法就是虎，黑如A位打，则白B位挡做劫。白先走A位或B位均不行，黑可在白1处点。

图8-17　走成此形时，黑先走能活吗？

图8-18　黑1扑才是正着，白不能在A位接，否则黑在C位继续打，同样是打劫，白将遭受更大的损失，即使白走B位切断黑棋也是劫争。

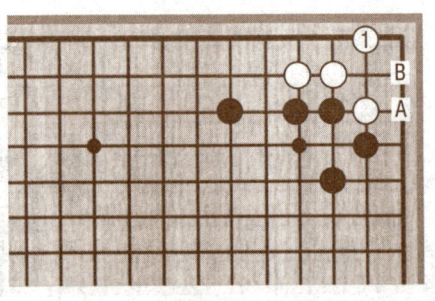

图8-16

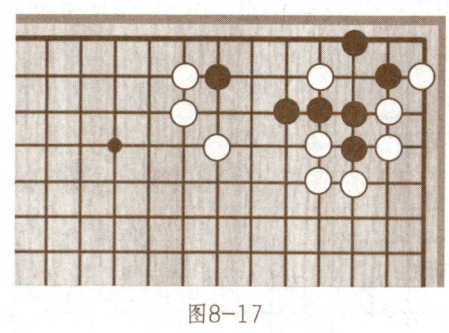

图8-17

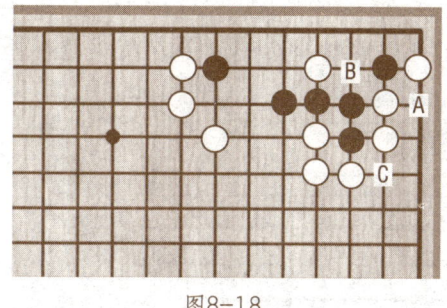

图8-18

2. 劫杀

利用打劫来杀对方的棋就叫"劫杀"。

当你不能无所付出杀死对方的棋时，你就要设法利用打劫来杀死对方。

图8-19　黑先手在握，有办法杀死白棋吗？黑如在A位连，白B立刻就可做活。这时应该考虑是否可以用打劫来破对方的眼。

图8-20　黑1在B位扳是强手，白2打吃时，黑3可在一路做劫，这样白将面临被劫杀的可能。

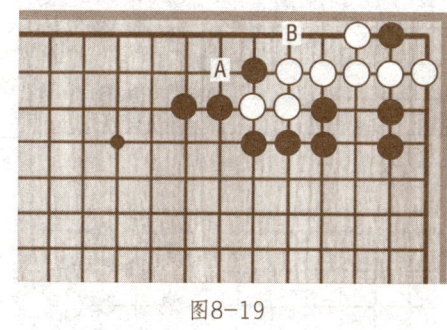

图8-19

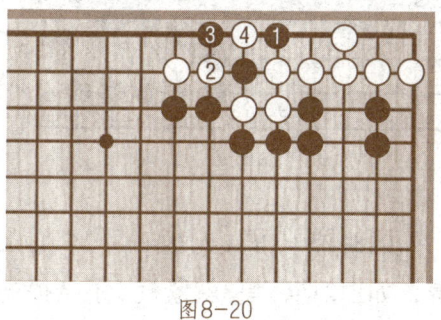

图8-20

图8-21　此时白一子扳是错误的一手棋，如果黑随便在A位打一手，经白B、黑C粘后，白的毛病就没有了。其实黑有妙手可以杀白。

图8-22　黑1尖，瞄着A、B位的打劫才是正着，黑必得A、B两点中一个。白如A位粘，则黑B扑、白C长、黑D跳形成劫杀。虽然白是缓气劫，但这要比白净活强。

劫杀是属于有条件地杀对方，但也有一种特殊的劫杀可让对方无条件地死。这种特殊的劫杀方式就是连环劫。

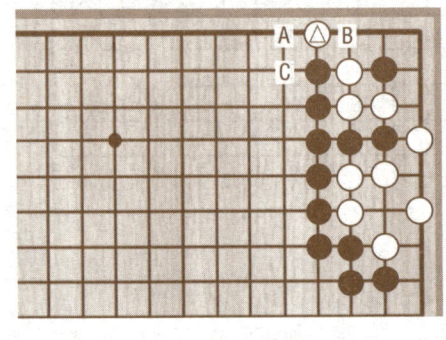

图8-21

图8-22

图8-23　黑先手在握时，能无条件杀死白。

图8-24　一般人可能会黑1挡，待白2立下后，黑再考虑是在A位扑入打劫，还是走B位做成双活。其实黑没有想到最好的方法。

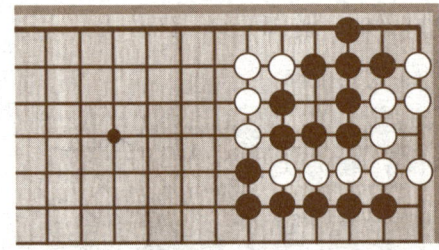

图8-23

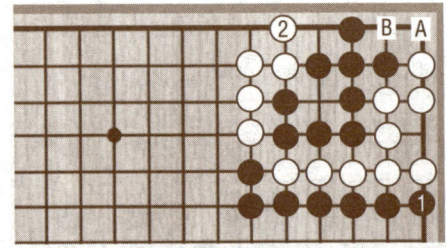

图8-24

图8-25　黑1先扳一手才是正着，如白2挡，黑3就紧气。白A提劫时，黑B位扑入打劫，形成连环劫。像这种特殊的打劫，黑可以无条件吃白。

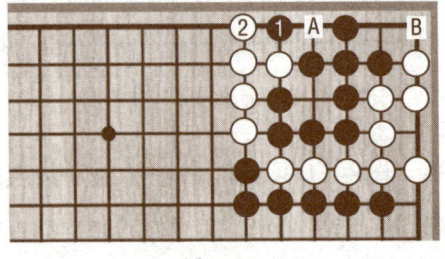

图8-25

图8-26　这一例讲的是破眼的连环劫。黑1倒虎是此形要点，白2如做眼，经黑3、白4之后，就形成了黑A和B的连环劫，白无条件死。

不过有一点需要留意：以连环劫吃棋的场合，在其他的打劫出现时，不要忘记对方的劫材是无穷无尽的。

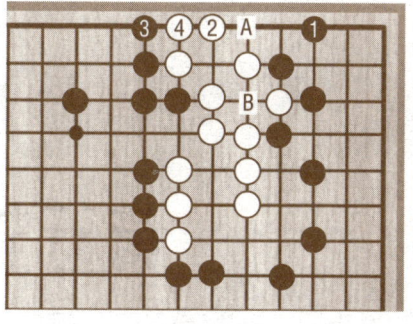

图8-26

3. 借劫出棋

有些子被对方围住，在没有完全成为死子之前，可运用打劫的手段把它们救出虎口。

图8-27　黑两子被围，有没有解救的办法？

图8-28　黑1尖是好手，瞄着2位的打劫，白怕被劫杀，只好在2位连，黑3渡时黑子已被解救回去。

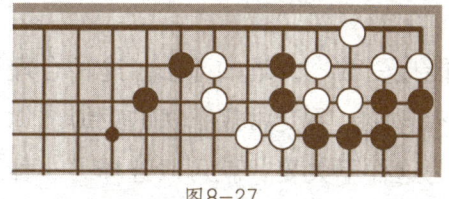

图8-27

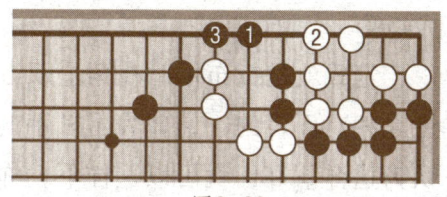

图8-28

图8-29　白两子被围，似乎已死，但白可运用打劫使黑棋很难吃掉它。

图8-30　白1曲，黑2扳时，白有3、5、7的做劫手段，虽是两手劫，但黑却很难应付。

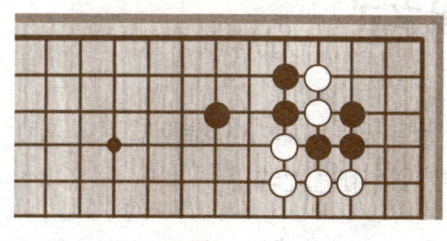

图8-29

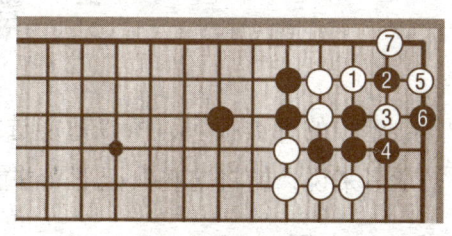

图8-30

第五节 定 式

一、定式概念

定式就是指布局时在角上双方均能接受的、合理的下法。这种合理性是相对而言的，它代表了棋手的主观意愿，不受常规下法的束缚。你认为这样下好，就可以这样下，你认为这样下欠妥，就可以选择另一种下法。有些下法在局部形成两分形势，合情合理；有些下法从局部看是不合理甚至吃了亏的，但这种吃亏却符合了全局的作战要求，这也是可取的。正是基于这种思想，定式的种类林林总总，难以计数。

二、常用定式

定式的种类很多，所以只能选择一些具有代表性的基本定式。对于初学者来说，能将这些熟记下来并能灵活运用也就够了。

1. 小目

图9-1 黑1的位置就叫做小目。作为分先下法的第一手棋，最先在这里落子是非常多的。白2与黑1的距离是小飞，所以叫"小飞挂"。对白

2，黑有A、B、C、D、E、F等种种应法。

小飞挂·一间低夹

图9-2　黑1、3对白2形成夹攻之势，与白2只间隔一路，因此叫一间低夹。

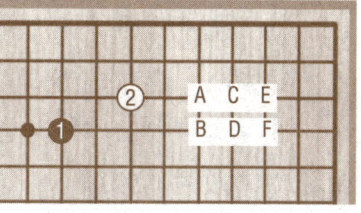

图9-1

白4飞压是对付一间低夹常用的战法。黑5属稳健之着。至白12是两分定式。白的要领是弃掉左面一子。

图9-3　白4违反了弃子要领。黑5长出后，白被困住。

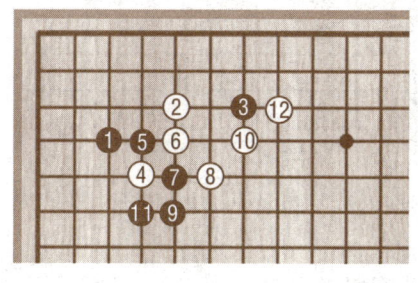

图9-2

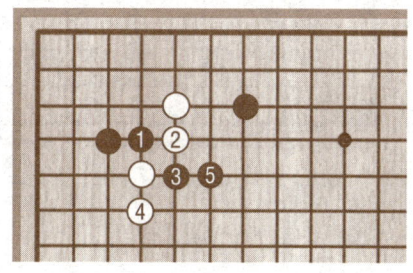

图9-3

小飞挂·二间低夹

图9-4　黑3的夹与一间低夹相比要远出一路，所以叫"二间低夹"。这种走法在棋中常用。

图9-5　白1飞压是最常见的走法。黑2长稳健。白3跳是轻快的走法。白7也有在B位虎的。至黑8成为两分。

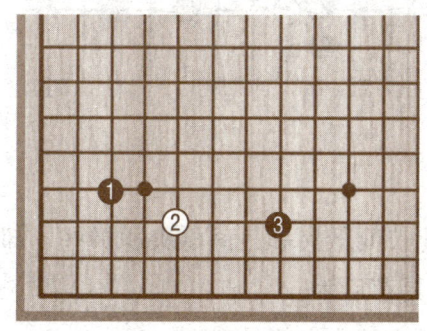

图9-4

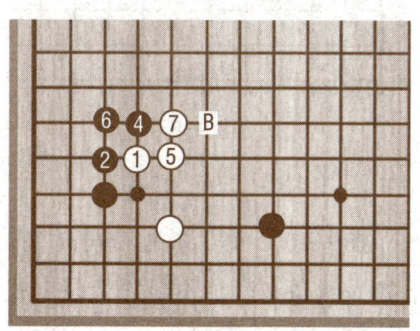

图9-5

小飞挂·三间低夹

图9-6　　黑3的位置即是三间低夹。这种走法在实战中并不多见。

图9-7　　白2、4托虎是旧定式，由于黑5有6位扳打的变化，所以现在定式中2改为4位尖靠。

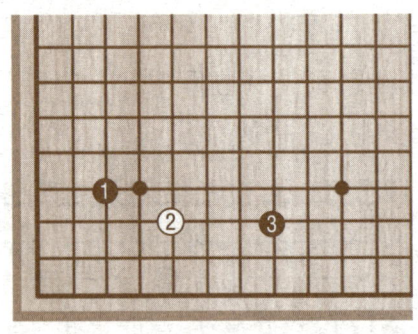

图9-6

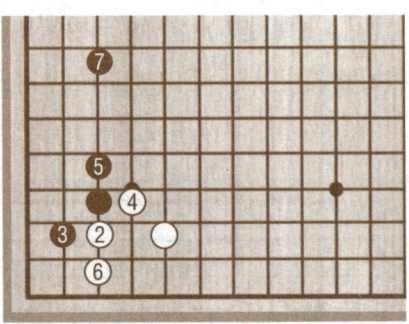

图9-7

小飞挂·一间高夹

图9-8　　黑3是一间高夹，这是一种积极的下法，近代比赛多采用此法。

图9-9　　白1尖是属可灵活变动的一手。如直接于3位托，黑1位长。白将完全被压缩在里面。本图是避免作战的一型。

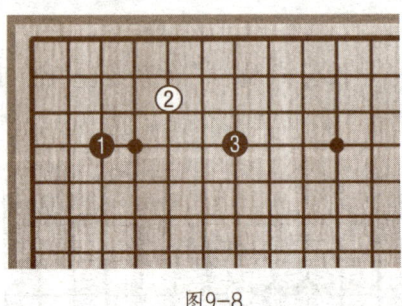

图9-8

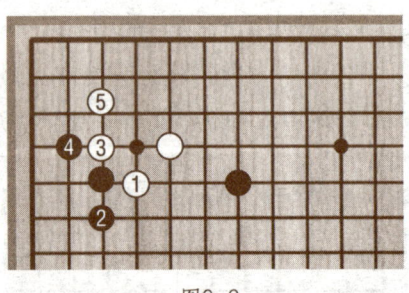

图9-9

小飞挂·二间高夹

图9-10　　黑3称为二间高夹，它比二间低夹和三间低夹积极些，却不如一间高夹紧，不足之处是定式之后易落后手。

图9-11　　白1托三三至5整形在其他夹法中也能见到。

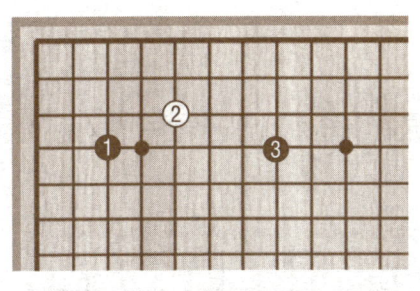

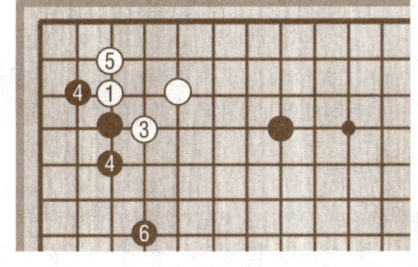

图9-10　　　　　　　　　　　　　　　　　图9-11

图9-12　　白1用小尖对付二间高夹是一种稳健的走法。黑2尖顶是侧重取空的下法。黑8跳出后，白可脱先。

图9-13　　黑1顶时，白也可在2位飞。白4时，黑5扳正确，白虽进角，黑得先手，这样才两不吃亏。

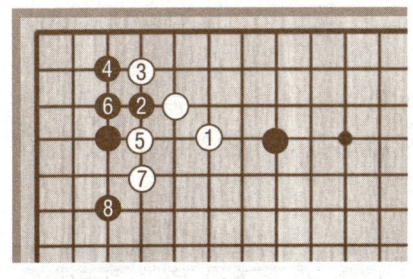

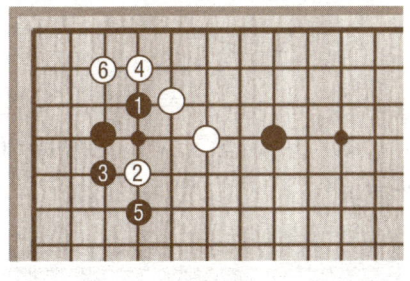

图9-12　　　　　　　　　　　　　　　　　图9-13

小飞挂·三间高夹

图9-14　　黑3即为三间高夹。由于不能构成直接威胁或威胁不够，所以现在对局中多不采用。

图9-15　　白1穿拆，使黑△子有漂浮之感。黑2至6是使白成凝形并坚实取地的下法。

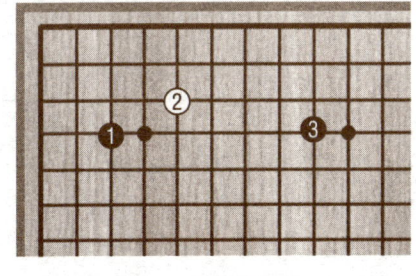

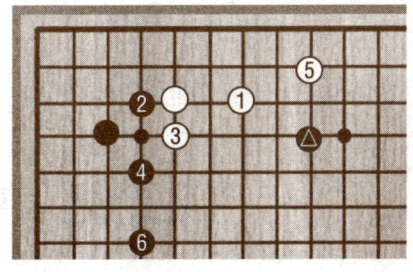

图9-14　　　　　　　　　　　　　　　　　图9-15

图9-16　白1后黑2退稳妥，白5整形后告一段落。这是实战中的常用形。

图9-17　白1飞角，黑2小尖。白3拆虽窄却使黑漂浮起来，这是白生动的形。

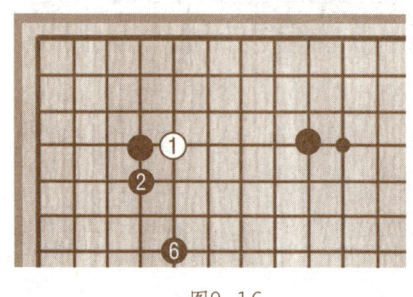

图9-16

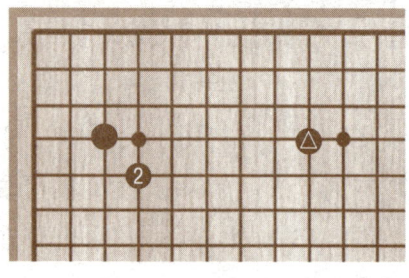

图9-17

小飞挂·尖

图9-18　黑3尖是坚实的应手，古来已有定法。

图9-19　黑2、4是见白1窄而使其成凝形并守角的意图。黑2也可于左面拆。

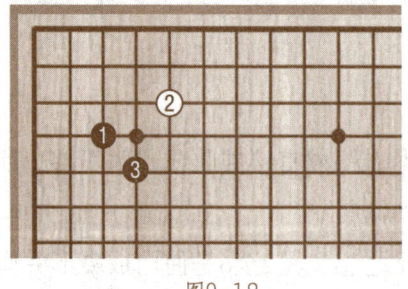

图9-18

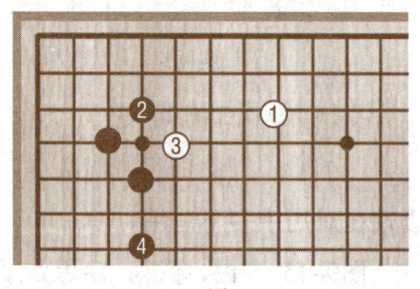

图9-19

一间高挂·托

图9-20　白2即为一间高挂。对此，黑3下托是常见的应对，这也是取地的下法。白应手有A、B、C等。

图9-21　黑4是希望能在左边展开的走法。

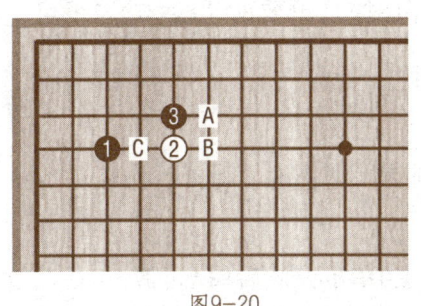

图9-20   图9-21

一间高挂·搭

图9-22   对白2的一间高挂，黑3上搭是加强中央势力的下法。

图9-23   对黑1，白2、4是最简单的应对。黑5、7是稳健的下法。以下白走A跳是好点。

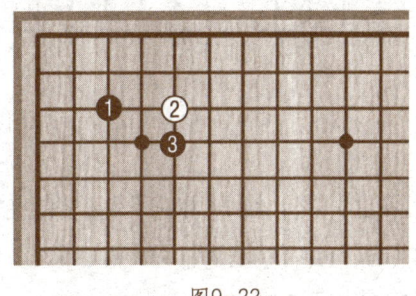

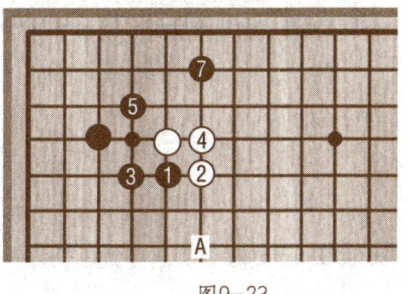

图9-22   图9-23

一间高挂·一间低夹

图9-24   白2时黑3即为一间低夹，这也是一种较为积极的下法，对局中较多采用。

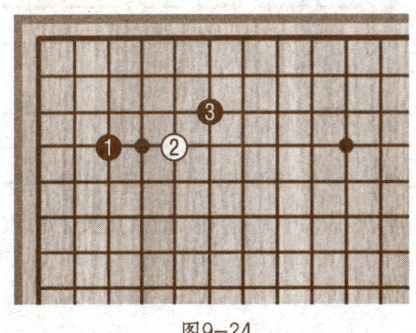

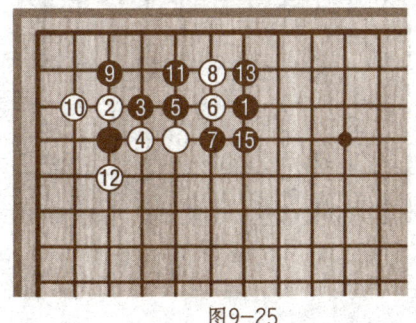

图9-24   图9-25

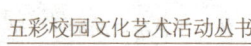

图9-25 此为基本定式的一种。白6挖是重要的手段，黑7也可走8位。黑形虽厚但多走了一步。

一间高挂·一间高夹

图9-26 对黑1的一间高夹，白2跳为普通应对。此外，白也有走A、B、C点的。

图9-27 黑1至7应接后白走8位。黑9稍重，此后白A可渡。

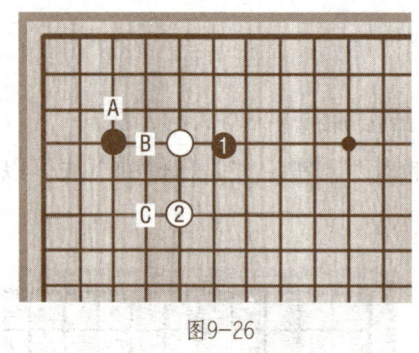

图9-26

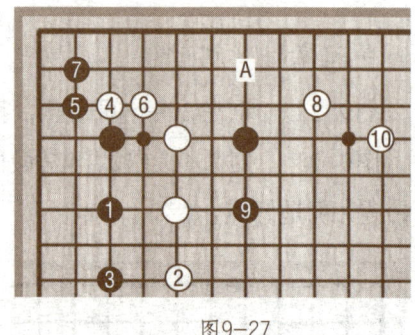

图9-27

一间高挂·二间高夹

图9-28 黑3的夹与一间高夹相比要远一路，所以称它为二间高夹。实战中也较为少见。白应手有A、B、C、D、E、F、G等。

图9-29 白1、3托退、5跳，黑6应一手是充分的配置。白7如走A位夹，黑可以B位跳。

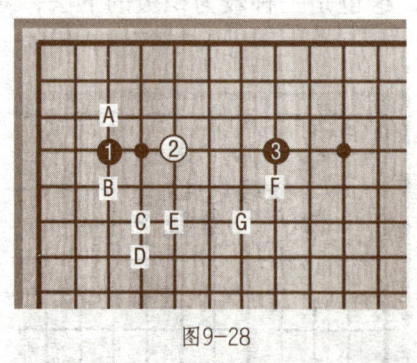

图9-28

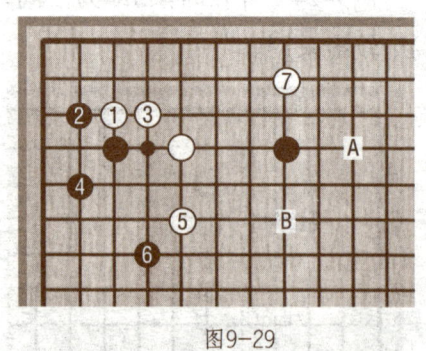

图9-29

2. 高目定式

图9-30　高目即是黑1的位置。常见应法有A、B两种，下面加以详细介绍。

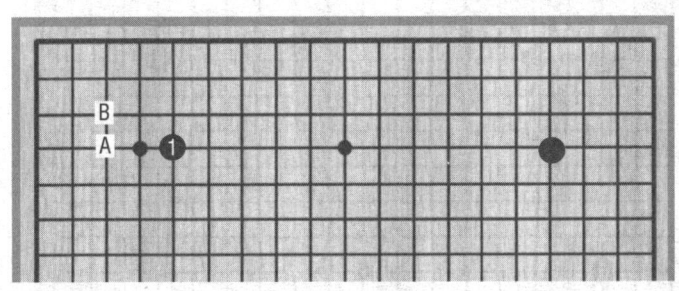

图9-30

小目挂

图9-31　白小目挂，黑的应手有A～F等。

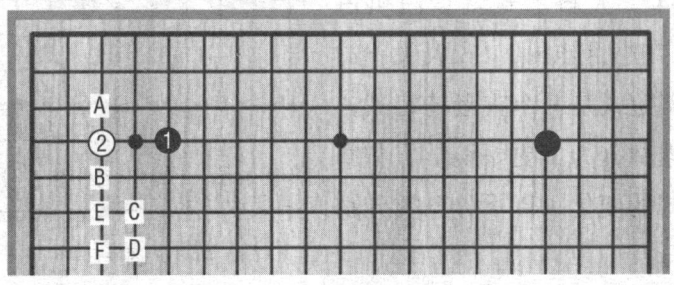

图9-31

三三挂

图9-32　白2走三三，黑有A、B、C等应手。

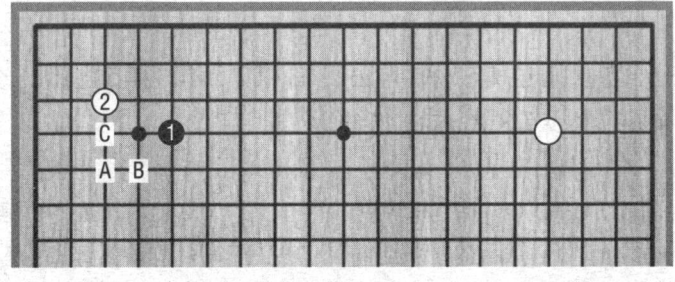

图9-32

图9-33　白2多见于A位有黑子的场合。白6瞄着左边的打入。黑7扩展的同时防着白打入。

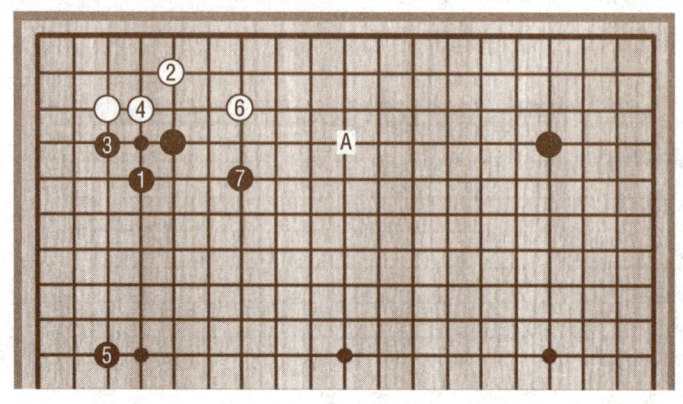

图9-33

3. 大斜定式

图9-34　大斜定式就是白棋占目外，黑1在小目挂角，白2大飞罩的格式。大斜定式是一个古老的定式，变化多且繁杂，为了更好地学习和掌握大斜定式的变化，以下分三类分别介绍。

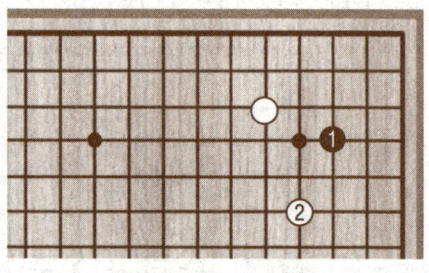

图9-34

并、托

图9-35　黑1并是一种简明的下法，白2尖，黑3跳出，这样可以闪开白棋设下的多种圈套。以后黑棋可以在A位尖顶或B位并来加强自己。

图9-36　黑1托也是一种下法，白棋2、4，黑5跳出，变成了白棋飞压的变化，这样下局面也很简单。

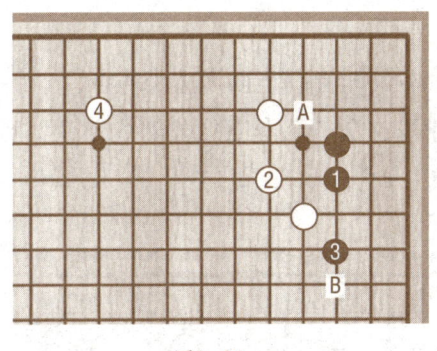

图9-35

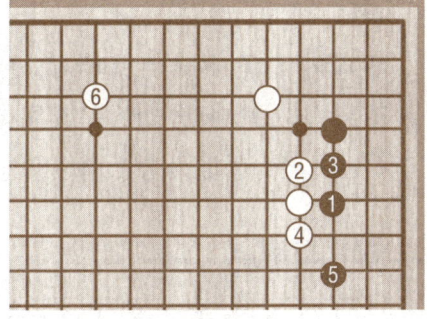

图9-36

尖

图9-37　黑1尖也是大斜定式中一种变化，白2挡住；白2如在A位立，就变成白棋一间反夹定式了。

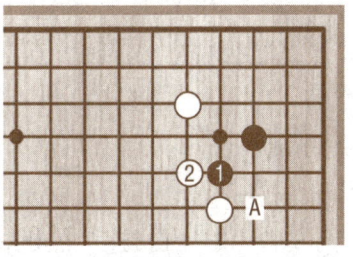

图9-37

图9-38　黑3虎、白4长，以下至黑9跳出，白10拆边告一段落，也是各居一处。其中要注意黑7必须再长一子，如白6长之后黑棋就急于跳出，那黑棋就很可能要吃亏。

图9-39　黑7急于跳出，白8以后的手法使黑棋的缺陷暴露出来了，以下至白18断，黑棋只能放弃一部分。黑棋在A位连，白下B位吃掉一子。

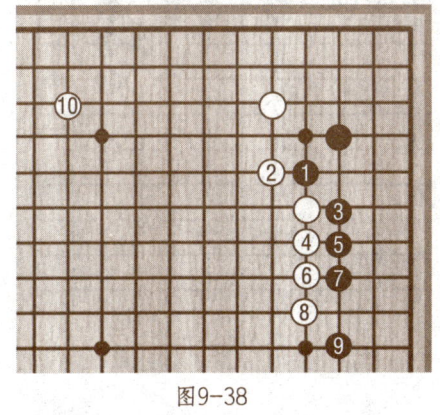

图9-38

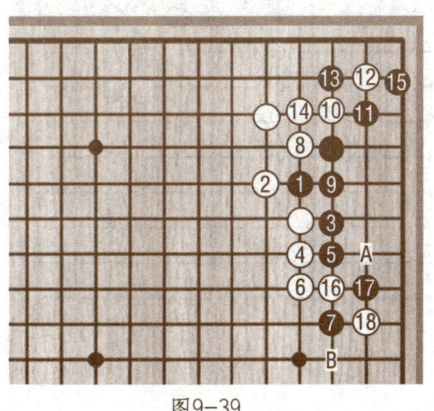

图9-39

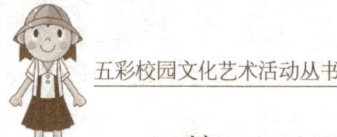

搭

图9-40　　黑1搭出针锋相对，预示不久即将有正面激战发生。

图9-41　　黑5连外边，是在黑棋征子有利的情况下取外势的下法。以下至白12，黑先手取外势，白棋实地也非常大。

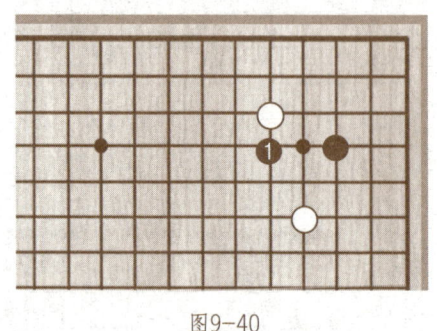

图9-40　　　　　　　　图9-41

白A连

图9-42　　白1连，黑棋将如何应对？

图9-43　　黑2跳是正着，下面白3在二线飞。双方进行到黑8是大斜定式的典型变化。

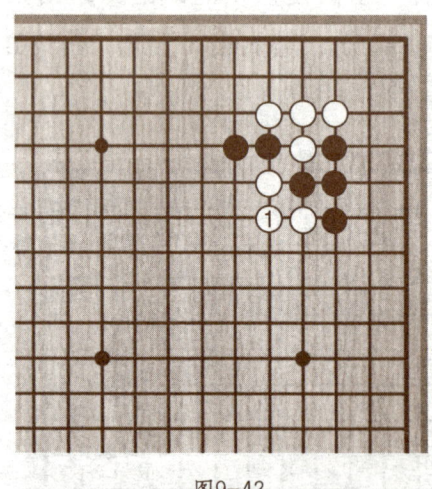

图9-42

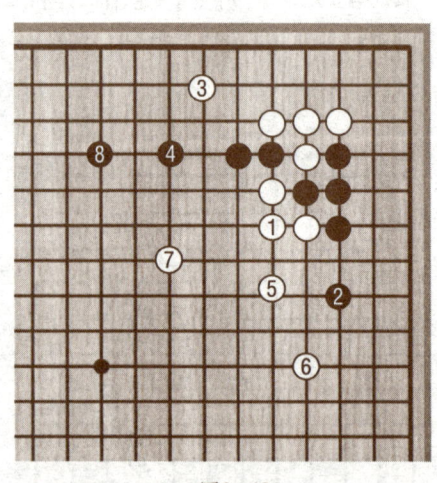

图9-43

白B压

图9-44　白不在A位连而在1位压，也是大斜定式中的一部分变化。

图9-45　白棋连压4颗子，然后于11位飞的下法是很严厉的，下面黑该如何应对呢？

图9-46　黑1打吃想出头，白2压，下面黑3长不好，被白棋4断、6封很难下，只好借角上开劫来出头，以下至白18跳，空被白棋捞走，黑仍是一条孤棋。

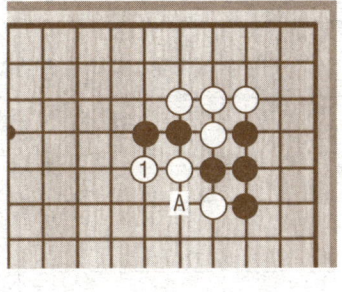

图9-44

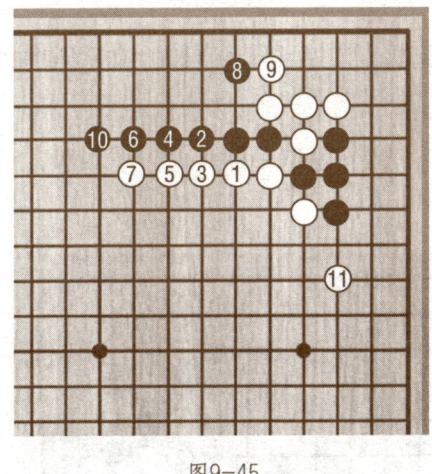

图9-45

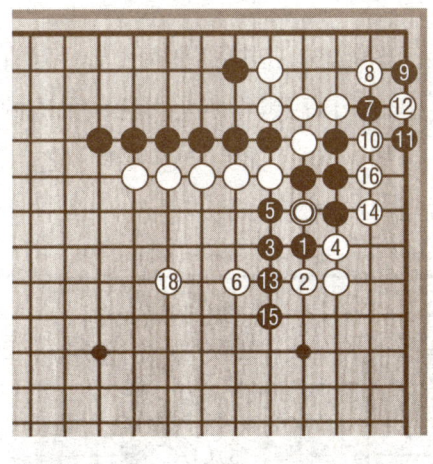

图9-46

白C长

图9-47　白在1位长也是大斜定式中的一部分变化，黑棋下法如何？

图9-48　白1长，黑棋在征子有利时可在2位飞，当黑4打、6长时，白7并是要点，以下双方进行到黑18，大体两分。注意以后角上A位扳粘是非常大的棋。

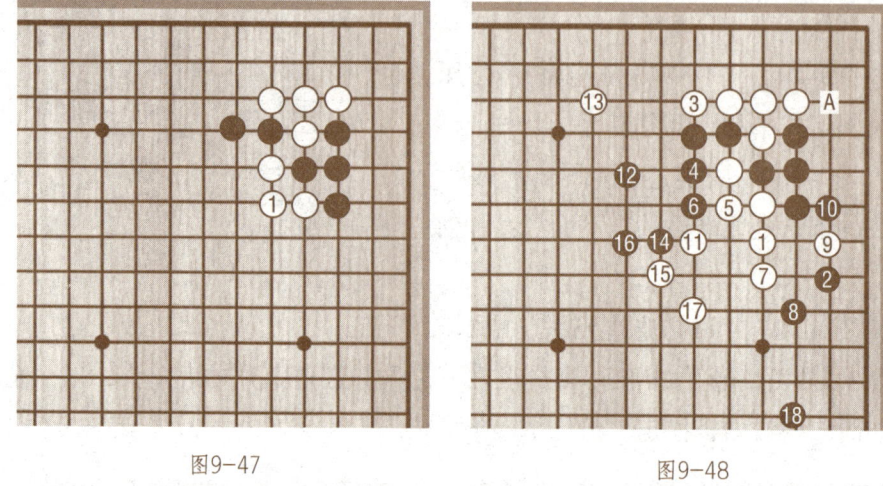

图9-47　　　　　　　　　　　　　　　　图9-48

图9-49　　当白1长时，黑也可在2位打，然后再于4位长，以下至白19
是定式。以后黑得机会再活动上边的黑子。

图9-50　　黑3、5连长两子之后于7位挡下也是一种变化，下面双方做
活至白20也是定式。

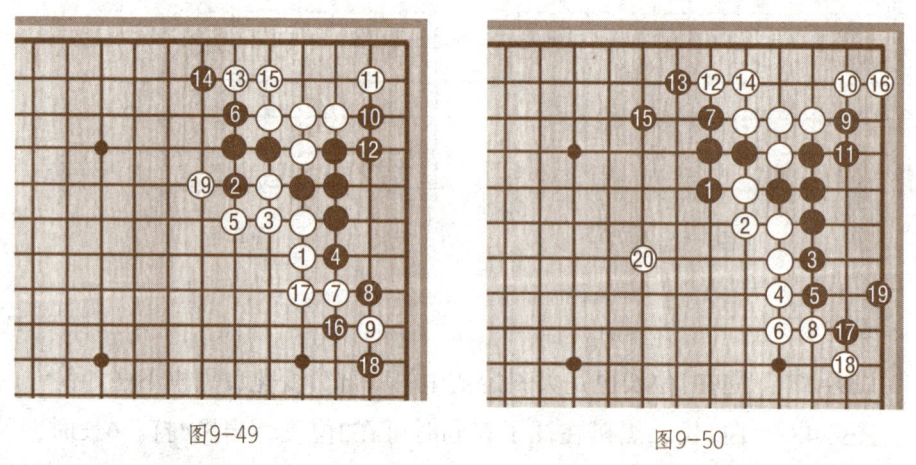

图9-49　　　　　　　　　　　　　　　　图9-50

4. 式的安定

包围

棋之最终目的为争地，在争战过程中，每以巧拙见胜负。因此重点掌
握对弱子的攻杀，显得十分关键。这就涉及到了式的安定问题，下面从五

个方面加以简单介绍。

图9-51　白一子落孤的情况，黑1为好手段，使其陷于死地。

图9-52　白2、白4想冲出重围，但全部在黑子包围圈内，如果做眼，一个眼不能活，两个眼无法做。攻击弱子最为重点。

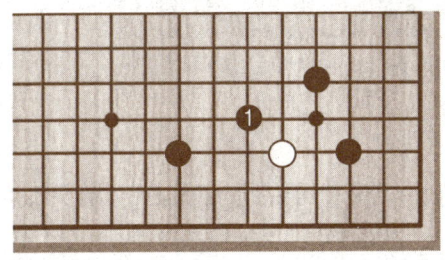

图9-51

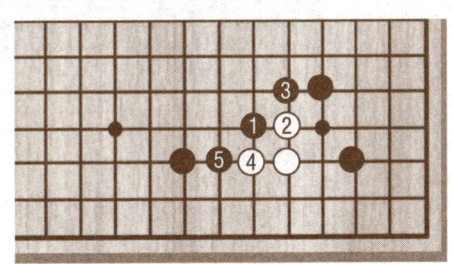

图9-52

攻击

图9-53　白的一子落孤情况，左方黑△见迫，白棋必须跑，黑棋坐收实利。

图9-54　黑1，为攻白的绝妙之着。

白受包围，白2向中央逃出。

黑3紧追不舍定要灭亡。

双方各下两子后，白虽然逃出，但黑1、3两着后，右方新地模样可观。

一面攻敌，一面做地，为作战中之理想型，对方的弱子可造成本身的好势。

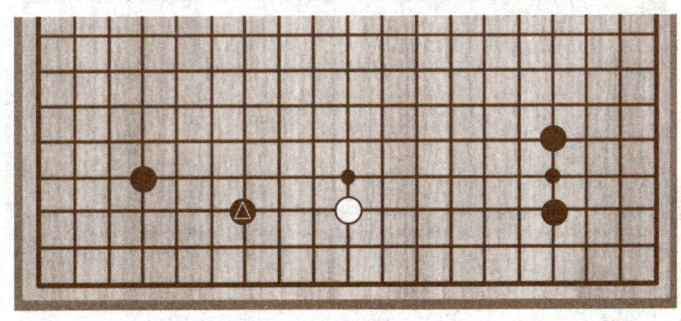

图9-53

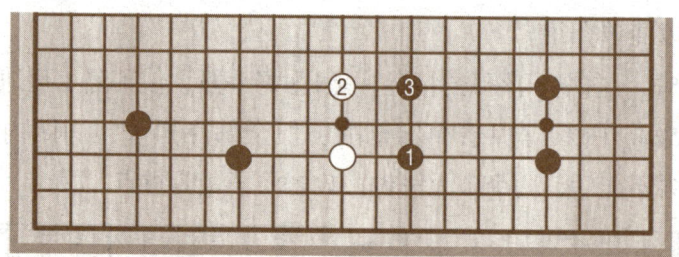

图9-54

式的安定性

当无处攻击时，为巩固自己的势力，最重要的是眼形，有两只眼的地，才能发挥坚强的攻击力量。

图9-55　黑与白各走两手，比较一下，谁理想些？很显然，黑可于角上做活，稳居上风。

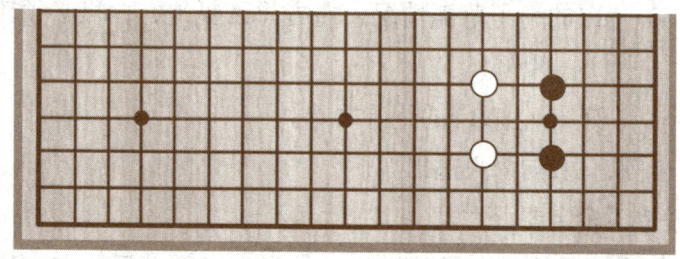

图9-55

图9-56　黑1夹，攻击白两子。这就是定式的安定性，角的有利性。

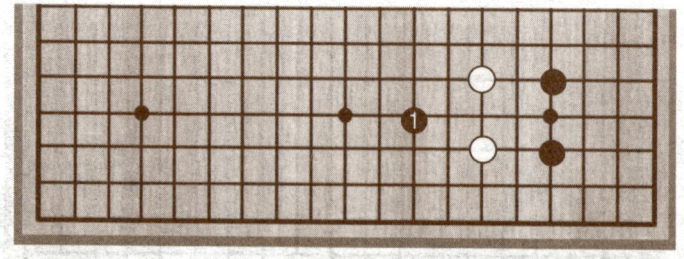

图9-56

二间拆

在角上，边上做地终归有利，因在边处落子，易于做活，原因是这样的：

图9-57　白1二间拆，是使孤子安定之基本型，按地形观测，边为平行，易多方发展出路，可相互呼应，单跳则无此利益，此白1称之"二间拆"。

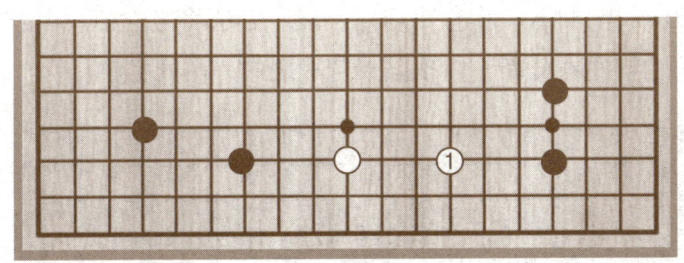

图9-57

图9-58　点线描绘之地形，为二间拆之资本，地并不大，但当遭受攻击时，此小地易于做活。

二间拆基本形成立后，此形对手仍可乘机打入，如被分断，则发生危险，当对方侵入时，立即予以先断，简单做活。

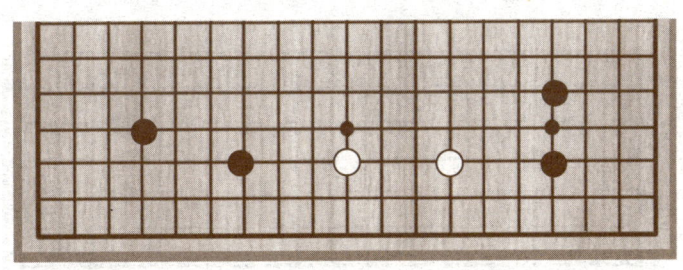

图9-58

三间拆

图9-59　较二间拆多一路，白1之拆称为三间拆，但三间拆间隔稍远，难于联系，常有被断的危险。

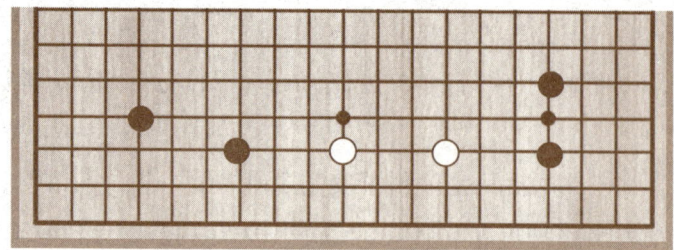

图9-59

图9-60　黑1打入，白很难应对，没有办法将之吃掉。白2至黑5为一例，如此将白棋左右分断，白棋陷于苦战之中，白处劣势。

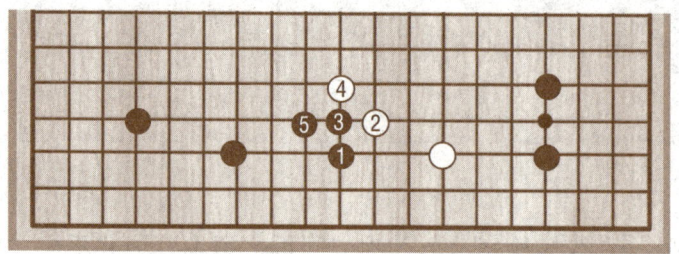

图9-60

图9-61　白1为配合白△，取三间拆，此情况与前图不一样，此形白无危险。

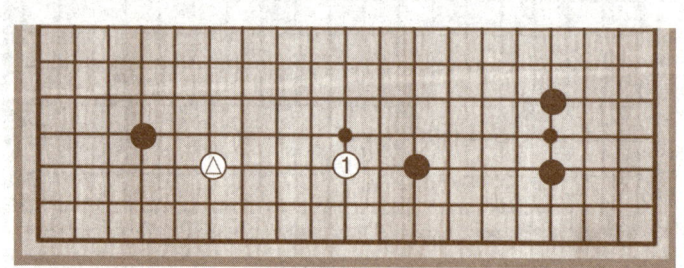

图9-61

5. 三三定式

图9-62　黑1走三三，一手即可占据角上实利，这种着法就称为三三

定式，白对三三的挂有A、B、C、D四种变化，以下加以分别介绍。

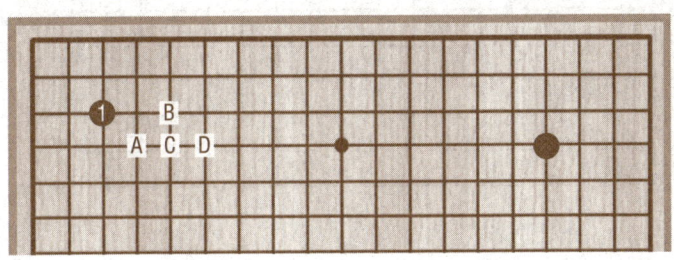

图9-62

肩冲

图9-63　三三位置低，对发展势力很不利，白1为了使黑的发展受到限制，就要采取肩冲的办法。

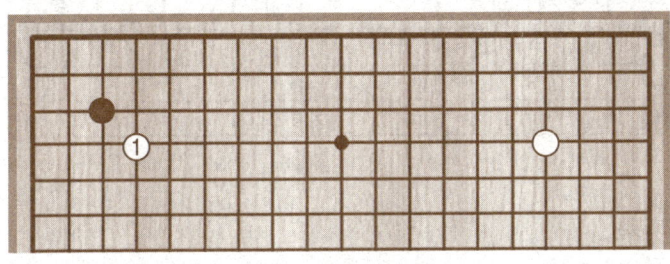

图9-63

图9-64　黑2至4是定形。

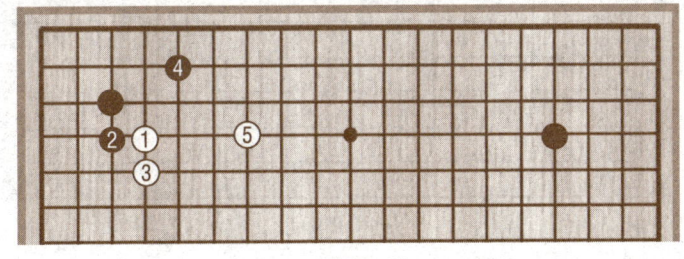

图9-64

一间低挂

图9-65　白1一间低挂，黑的应手有A、B、C、D。

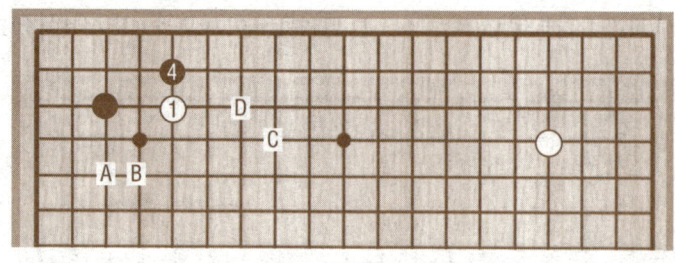

图9-65

图9-66　白1挂，黑2应是三三一子与白1同形先着走中尖的意思。

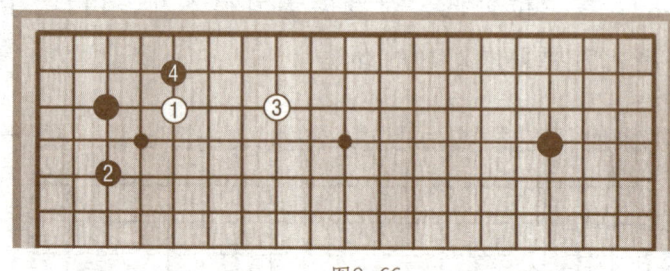

图9-66

一间高挂

图9-67　白1一间高挂，黑的主要应手有A、B等。

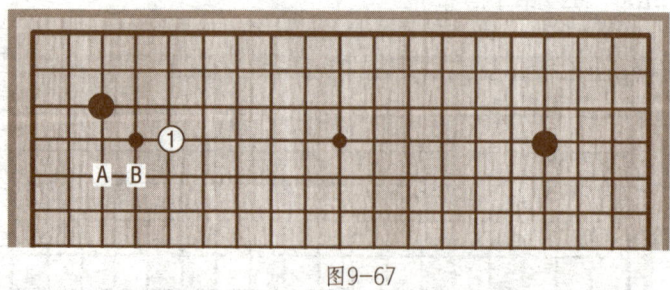

图9-67

二间低挂

图9-68　白1二间低挂，黑的主要应手有A、B、C、D等。

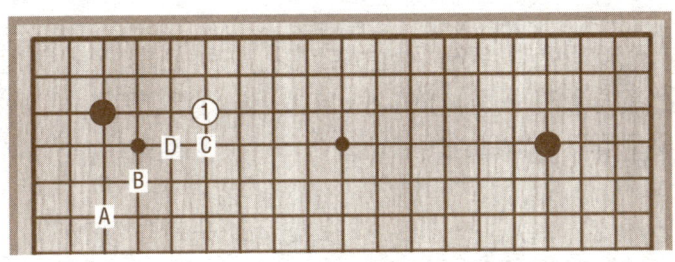

图9-68

图9-69　白1二间低挂。黑2、白3是普通的应接。至4为实战中的常用形。

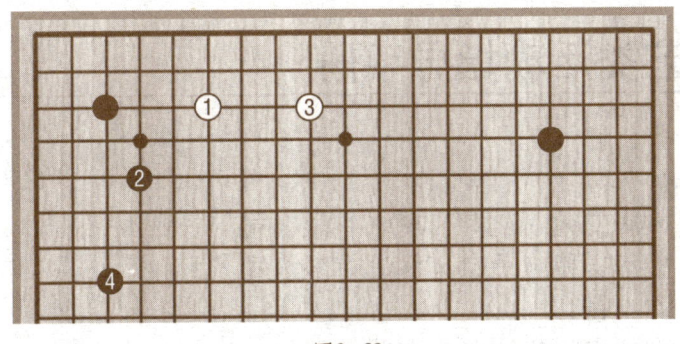

图9-69

图书在版编目（ＣＩＰ）数据

校园棋艺类活动指导手册 / 白梅编著. -- 长春：
吉林出版集团有限责任公司，2013.11（2020.11重印）
ISBN 978-7-5534-3304-2

Ⅰ．①校… Ⅱ．①白… Ⅲ．①棋类运动--青年读物
②棋类运动－少年读物 Ⅳ．①G891.9-49

中国版本图书馆CIP数据核字(2013)第226681号

校园棋艺类活动指导手册

白 梅 编著

出 版 人：齐　郁
责任编辑：孙　婷
封面设计：大华文苑（北京）图书有限公司
版式设计：大华文苑（北京）图书有限公司
法律顾问：刘　畅
出　　版：吉林出版集团股份有限公司
发　　行：吉林出版集团青少年书刊发行有限公司
地　　址：长春市福祉大路5788号
邮政编码：130118
电　　话：0431-81629800
传　　真：0431-81629812
印　　刷：北京兴星伟业印刷有限公司
版　　次：2013年11月　第1版
印　　次：2020年11月　第3次印刷
字　　数：158千字
开　　本：710mm×1000mm　1/16
印　　张：12
书　　号：ISBN 978-7-5534-3304-2
定　　价：35.00元